ZUKUNFT **WOHNEN**

A Einführung

- **Campus Zukunft Wohnen** — 08
  René Hartmann
- **Zukunft als Entwurf** — 14
  Verena Schmidt & Marius Gantert
- **Das E-Werk in Luckenwalde** — 28
  Gespräch mit Pablo Wendel

B Impulse

- **Wohnen ist (Aus-)Handlung** — 40
  Vedrana Žalac & Ivo Balmer
- **Die Zukunft des Wohnens beginnt im Bestand** — 46
  Nanni Grau & Frank Schönert
- **Raumzellen und Wohnlandschaften** — 54
  Susanne Dürr & Gerd Kuhn

C Wohnzukünfte

- **Polytopie und Assemblage** — 72
- **Wir gegen den Markt** — 86
- **Der Zaun im Kopf** — 98
- **Tischgesellschaft** — 114

D Teilnehmende — 138

A   EINFÜHRUNG

Campus Zukunft Wohnen — 08
René Hartmann

Zukunft als Entwurf — 14
Verena Schmidt & Marius Gantert

Das E-Werk in Luckenwalde — 28
Gespräch mit Pablo Wendel

Ziel des Werkstattformates war eine freie und thesenhafte Auseinandersetzung mit der Zukunft des Wohnens basierend auf einem intensiven interdisziplinären Austausch von Teilnehmenden und externen Expert*innen. Entwickelt wurde das Programm von René Hartmann und Anja Reichert-Schick (Wüstenrot Stiftung) gemeinsam mit Verena Schmidt und Marius Gantert (Teleinternetcafe Architektur und Urbanismus). Veranstaltungsort für den «Campus Zukunft Wohnen» war das E-Werk im brandenburgischen Luckenwalde. Mit seinen großzügigen Atelierräumen, Werkstätten und Außenflächen trug das E-Werk zu einer besonderen Klausuratmosphäre für den Campus bei.

A — EINFÜHRUNG

Campus Zukunft Wohnen

René Hartmann

Der «Campus Zukunft Wohnen» der Wüstenrot Stiftung fand vom 6. bis 15. August 2021 im E-Werk im brandenburgischen Luckenwalde statt. Zentrales Thema war die titelgebende Frage nach der Zukunft des Wohnens. Wie sieht sie aus? Welche Entwicklungen werden bestimmend, welche Faktoren prägend sein? Wie stellen sich junge Fachleute das Wohnen der Zukunft vor, das sie selbst gestalten und erleben werden? Welche realisierbare Utopie, welche konkretisierbaren Visionen warten auf uns?

Um hierüber mehr zu erfahren, wurden 17 Absolvent*innen und Berufsanfänger*innen zu einem zehntägigen, inter- und transdisziplinären Workshop nach Luckenwalde eingeladen, wo ihnen die Möglichkeit geboten wurde, ihr Praxiswissen, ihre fachspezifischen wissenschaftlichen Methoden sowie ihre persönlichen Vorstellungen und Wünsche einzubringen und darzustellen. Veranstaltungsort war das E-Werk Luckenwalde. Die Arbeits- und Ausstellungsräume des E-Werks, die großzügigen Außenflächen mit dem FLUXDOME und dem ehemaligen Trafohäuschen sowie das angrenzende

historische Stadtbad von 1928 dienten als Werkstatt, Atelier und Klausurort. Hier wurde zehn Tage lang diskutiert, geplant, geträumt, ausprobiert, gebaut und am letzten Tag schließlich präsentiert. Begleitet, unterstützt, beraten, ermutigt und hinterfragt wurden die Teilnehmenden während des Workshops von einem Team aus zehn Mentor*innen aus Praxis und Forschung. Zusätzlich angereichert wurde diese Wissens- und Erfahrungsressource durch Impulsvorträge und Vor-Ort-Besuche.

Der als Campus-Design vorgesehene spielerisch leichte und ergebnisoffene Ansatz verhinderte natürlich nicht, dass täglich lange und intensiv gearbeitet wurde. Die Teilnehmenden organisierten sich in selbst gewählten Gruppenkonstellationen. Methodisch könnte man den daraus folgenden Arbeitsprozess vielleicht als forschende Entwurfspraxis bezeichnen. Zu Beginn wurden in einem 24-Stunden-Workshop von zwei Haupt- und mindestens fünf Untergruppen Thesen und Lösungsansätze entwickelt, die in den nachfolgenden Tagen bearbeitet und immer weiter präzisiert wurden. Sie mündeten zum Ende des Workshops in vier performative Abschlusspräsentationen: «Polytopie und Assemblage», «Wir gegen den Markt», «Der Zaun im Kopf» und «Tischgesellschaft». So unterschiedlich wie die Titel der Präsentationen waren auch die Mittel der Umsetzung. Es gab

 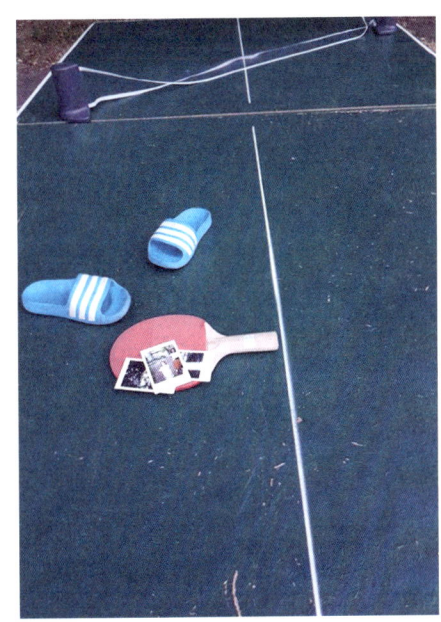

eine Rauminstallation, die Begriffsfelder und Verfasstheiten mit feinen Schnüren zu einer kinetischen Skulptur, einem Mobile verbanden und in der jede Berührung zur Veränderung der Verhältnisse führte. Es wurde ein Brettspiel entwickelt und gebaut, dessen Ziel es war, Grundstücke und Gebäude zu nutzen – gewinnen konnte man nur, wenn man gemeinschaftlich handelte, kooperierte, sich absprach und zusammenarbeitete. Es gab einen medialen Rückblick aus dem Jahr 2050 auf die erfolgreiche Umstrukturierung von Einfamilienhaus-Wohngebieten – auch hier war die Zukunft des Wohnens gemeinschaftsorientiert und ziemlich unkommerziell. Und schließlich gab es am Ende einer Wanderung durch ein von Leerstand geprägtes Areal eine Speed-Dating-Veranstaltung zur Aktivierung von Gebäuden – mit zugeloster Rollenverteilung, bei der man seine dunkelste Seite als Investor*in zeigen oder einfach nach der besten Lösung für beide Tischnachbar*innen suchen konnte. Zuschauen war bei allen vier «Präsentationen» nur bedingt möglich, Mitmachen der Appell an alle Anwesenden. Konsequenterweise endete der Präsentationstag dann auch mit der realen Gründung eines Vereins zur Aktivierung.

Wie stellen sich diese jungen Expert*innen nun die Zukunft des Wohnens vor? Im Gegensatz zu den altbekannten und wirkmächtigen Bildern aus dem 20. Jahrhundert wurden keine Visionen von schwebenden Städten mit fliegenden Automobilen oder hoch technisierten Megastrukturen aus Beton, Stahl und Glas entworfen, die die Welt einer fernen Zukunft zeigen. Ganz im Gegenteil. Überraschend war, dass die Zukunft von den Teilnehmenden nicht in 100 Jahren, sondern unmittelbar im Hier und Jetzt verortet wurde. Die vier Visionen zur Zukunft des Wohnens wurden als sofort anwendbar und einfach umsetzbar definiert. Denn in ihrem Kern sind sie keine Realisierungsaufgabe für Städtebauer*innen und Architekt*innen, sondern eine gesellschaftliche Frage, die eine andere Schwerpunktsetzung verlangt. In dieser Zukunft muss nicht alles neu und «moderner» gebaut werden. Die Aufgabe, die gestellt wird, ist aber ebenso komplex und genauso herausfordernd wie die Visionen der «letzten Moderne»: Wir müssen uns als Individuen und Gesellschaft dafür entscheiden zu teilen, kooperativ und gemeinnützig zu handeln, vieles neu und anders zu organisieren, Vorhandenes besser zu nutzen und gerechter zu verteilen. Dann ist diese Zukunft des Wohnens eine realisierbare Utopie.

↳ Link zum Projektfilm

A — EINFÜHRUNG

Zukunft als Entwurf

Verena Schmidt & Marius Gantert

Der «Campus Zukunft Wohnen» versteht sich als ergebnisoffener Denkraum, den wir auf Einladung der Wüstenrot Stiftung konzipieren und von 6. bis 15. August 2021 im E-Werk Luckenwalde begleiten durften. Der Rahmen, den wir als Kurator*innen für die Werkstatt setzten, sollte nicht in eine bestimmte Richtung lenken, sondern vielmehr zu einem freien Denken und Gestalten inspirieren. Anstelle einer konkreten Aufgabenstellung entwickelten wir vielfältige Gesprächsformate und ein Vortragsprogramm, das unterschiedliche Zugänge und Impulse rund um das Thema Zukunft Wohnen vermitteln sollte.

Die Vorbereitung des Campus regte uns zum Nachdenken an, wie wir der «Zukunft» in unserer alltäglichen Praxis begegnen. Als Architekt*innen und Städtebauer*innen verstehen wir Zukunft als ein ständiges Gegenüber. Planungen greifen der Zeit oft weit voraus. Was wir heute planen, muss Spielräume für unvorhergesehene Entwicklungen beinhalten. Das Spannungsfeld zwischen Definition und Offenheit verstehen wir nicht nur als große Herausforderung, sondern auch als kreatives Potenzial. Daher sehen wir es als wichtige Aufgabe an, einen produktiven Umgang mit der ungewissen Zukunft zu finden – sei es über wissenschaftliche Prognosen,

Trend- und Zukunftsforschung, Szenariomethoden oder kreative Arbeits- und Denkprozesse. Die Auswahl der Campus-Teilnehmenden, der Mentor*innen sowie der Impulsgebenden folgte daher dem Ansatz, viele unterschiedliche Disziplinen und Perspektiven in einen Dialog über die Zukunft des Wohnens zu bringen.

Das E-Werk als «gelebte Utopie»
Einen wesentlichen Denkanstoß zum Campus Zukunft Wohnen leisteten der Ort und unsere Gastgeber*innen selbst. Das E-Werk inspirierte uns zum Nachdenken über einen bewussten Umgang mit Ressourcen. Zwischen alter Bausubstanz und frischen Ideen, zwischen Stromproduktion und Ausstellungsort wurde eine besondere kollektive Energie spürbar. Führungen durch das E-Werk, das Stadtbad und die denkmalgeschützte ehemalige Hutfabrik des Architekten Erich Mendelsohn stellten dabei auch die wichtige Rolle von Kunst und Kultur als Treiber eines Zukunftsdiskurses heraus. Einen außergewöhnlichen Programmpunkt bildete das «Multispecies Banquet» der brasilianischen Künstlerin Luiza Prado de O. Martins. Im FLUXDOME wurden alle Campus-Teilnehmenden auf dem Gelände des E-Werks begrüßt und in eine Performance integriert. Dieses interaktive Abendessen leitete nicht nur das Kennenlernen der Gruppe ein, sondern adressierte darüber hinaus globale Themen wie Kapitalismus- und Kolonialisierungskritik.

Vorträge im Stadtbad
Den Auftakt zur Werkstatt bildete eine Reihe von Impulsvorträgen im ehemaligen Stadtbad, wo die feinkörnigen Überreste der künstlerischen Performance «Sun & Sea» für eine unerwartete Atmosphäre sorgten. Mit den Füßen im Sand erwartete die Teilnehmenden ein Überblick von Rosalina Babourkova und David Weigend (Futurium, Berlin) sowie Stefan Carsten (Zukunftsforscher) zu methodischen Ansätzen der Zukunftsforschung und Megatrends, die das Wohnen der Zukunft beeinflussen werden. Lina Streeruwitz (StudioVlayStreeruwitz, Wien) vertiefte anhand von Beispielen ihrer architektonischen Praxis die Wechselwirkungen zwischen Wohnen und Klima. Wie Zukunft als spekulativer Entwurf begriffen werden kann und warum der Maßstab des Quartiers ein besonderes Potenzial für das Wohnen beinhaltet, wurde in den Impulsen von Marius Gantert und Verena Schmidt (Teleinternetcafe Architektur und Urbanismus, Berlin | Fachgebiet Entwerfen und Städtebau, Technische Universität Darmstadt) thematisiert. Im Folgenden werden einige Aspekte des Vortragsprogramms hervorgehoben.

A   Einführung

METHODISCHE ANSÄTZE DER ZUKUNFTSFORSCHUNG
Impulse von Rosalina Babourkova & David Weigend (Futurium, Berlin) und Stefan Carsten (Zukunftsforscher)

Wenn wir gemeinsam über Zukunft nachdenken, dann tritt zum Umgang mit Unsicherheit und Komplexität der Plural an die Stelle des Singulars. Der Diskurs dreht sich dann nicht um eine Zukunft, sondern um viele mögliche «Zukünfte». Der Szenariotrichter ist ein methodischer Ansatz der Zukunftsforschung, die Breite der Möglichkeiten ins Bild zu setzen. Je weiter wir uns von der Gegenwart entfernen, desto stärker öffnet sich das Feld: aus Fakten und Prognosen werden begründete Vermutungen und schließlich Spekulationen. Dabei muss auch unterschieden werden, ob es sich bei einem zukunftswirksamen Thema möglicherweise um einen Hype handelt, der nach kurzer Zeit wieder abklingt oder um einen bereits länger beobachteten (Mega-)Trend, aus dem sich belastbare oder sogar quantifizierbare Schlüsse für die Zukunft ziehen lassen, z. B. in Form von Zukunftsbildern und -szenarien.

In einem Zukunftsszenario werden vielfältige inhaltliche Ebenen wie Wirtschaft, Umwelt, Politik, Kultur und Technologie berücksichtigt. Zukunftsforschung ist daher unbedingt inter- und transdisziplinär. Neben Expert*innen aus den oben genannten Bereichen können beispielsweise auch Designer*innen und Storyteller*innen beteiligt werden, um ein Zukunftsszenario fundiert, anschaulich und nachvollziehbar zu beschreiben.

Die Herangehensweise der Zukunftsforschung kann vereinfacht in vier Schritten dargestellt werden:

1. Erfassen und Beschreiben eines relevanten Problemes in der Gegenwart, welches mit hoher Wahrscheinlichkeit zu einer Herausforderung für die Zukunft wird (z. B. angespannte Wohnungsmärkte und Verdrängung, ausgestorbene Innenstädte, Hitzeinseln in der Stadt oder Altersarmut und Vereinsamung)

2. Finden und Auswerten von (Mega-)Trends und deren Auswirkungen auf das beschriebene Problem sowie Erfassen von Zusammenhängen und Wechselwirkungen (research, brainstorming)

3. Ausbilden qualitativ unterschiedlicher, aber in sich konsistenter Zukunftsszenarien (z. B. Wunschszenario vs. Alptraumszenario) anhand von Szenariotechniken (z. B. morphologischer Kasten, Szenariotrichter)

4. Visualisieren, Kommunizieren und Diskutieren von Zukunftsszenarien, um davon Erkenntnisse und Handlungsoptionen für die Gegenwart abzuleiten (z. B. Modellierung und backcasting)

Das Denken in Zukünften hat zudem eine normative Ebene. Im Kern geht es darum, wie wir in Zukunft leben wollen und wie eine wünschenswerte Zukunft aussehen könnte, die sowohl das Individuum und die Gesellschaft als auch die Umwelt und die planetaren Grenzen im Blick behält. Gleichermaßen behandelt die Zukunftsforschung aber auch die erwartbare Zukunft, Business-as-Usual oder gar Worst-case-Szenarien und versucht Wege zu skizzieren, wie diese abgewendet werden könnten.

Szenariotrichter

Das Zukunftsinstitut, ein Think Tank im Bereich der Trend- und Zukunftsforschung in Deutschland, bringt diese transformativ forschende Haltung als «kritischen Zukunftsoptimismus» mit dem «Ziel zur Wirksamkeit» zum Ausdruck. In der Regel vertritt die Zukunftsforschung allerdings nicht den Anspruch umsetzbare Lösungen zu liefern, sondern will Diskussionsstarter ein. Allen voran steht ein spekulativer Ansatz und die Frage «Was wäre wenn?».

Das Futurium, ein durch einen gemeinnützigen Träger betriebenes «Haus der Zukünfte» in Berlin, begegnet der Zukunft daher mit einer kuratorischen Praxis. Durch eine Ausstellung mit lebendigen Szenarien, einem Lab zum Ausprobieren und einem Forum für den gemeinschaftlichen Dialog werden Denkräume eröffnet.

Das Wohnen eignet sich im besonderen Maße dazu, unterschiedliche Vorstellungen der Zukunft nachvollziehbar zu machen, da es einen Kristallisationspunkt für eine Vielzahl von Alltagsthemen bietet. So wird die Wohnung aufgrund des Klimawandels und immer öfter auftretender Hitzeperioden in Zukunft ein kühler Rückzugsort sein müssen, dessen Fähigkeit zur Klimaregulierung sich in grünen Dächern und Fassaden, geringeren Verglasungsanteilen, konstruktivem Sonnenschutz, Kühlung durch thermische Bauteilaktivierung oder geeigneten Grundrisszonierungen äußern kann. Auch im Wohnumfeld wird das Hitzeszenario zu Veränderungen führen: Entsiegelung, Begrünung und klimaresiliente Baumpflanzungen werden immer wichtiger, um durch Verdunstungskühle das Mikroklima zu verbessern. Anhaltende Mittagshitze führt auch zur Veränderung von Tagesabläufen und neuen Bedarfen für die Ausstattung des öffentlichen Raumes, z. B. für die Siesta an einem schattigen Ort.

Ein weiteres Thema mit großem Einfluss auf das Wohnen der Zukunft ist der demographische Wandel. Prognosen zur Folge wird im Jahr 2040 knapp ein Drittel der Bevölkerung Deutschlands über 67 Jahre alt und damit im Rentenalter sein. Etwa ein Viertel davon wird in Einpersonenhaushalten leben. Aufgrund zunehmender Pflegebedarfe durch körperliche und geistige Beeinträchtigungen im Alter sowie oft fehlende familiäre und soziale Netze werden neue Konzepte für ein altersgerechtes Wohnen benötigt, z. B. Senior*innen-Wohngemeinschaften, Einlieger-Wohnungen für Pflegekräfte oder smart care homes mit elektronischen Alltagshelfern und barrierefreien digitalen Schnittstellen für die medizinische Betreuung.

Nicht zuletzt hat auch die Covid-19-Pandemie als plötzlich eintretendes Ereignis gezeigt, wie sich das Wohnen in Zukunft verändern könnte. Insbesondere das Arbeiten im Home-Office hat vielerorts die Grenzen marktgängiger Wohnungen aufgezeigt, aber auch andere Nutzungen sind während der Lockdowns in den Wohnraum eingezogen und haben neue Raumbedarfe aufgezeigt: Räume für die Kinderbetreuung, das Lernen, Bewegung, Freizeit und Gemeinschaft. Neben der Frage der räumlichen Organisation solcher Nutzungen in der Wohnung, dem Gebäude und der Nachbarschaft stellt sich hierbei auch die der Finanzierbarkeit, primär im Segment des geförderten Wohnraumes mit seinen restriktiven Förderrichtlinien hinsichtlich Wohnungs- und Haushaltsgrößen.

ZUKUNFT ALS SPEKULATIVER ENTWURF – FORSCHENDES ENTWERFEN IN DER ARCHITEKTURLEHRE

Impuls von Vetr.-Prof. Verena Schmidt & Marius Gantert (Fachgebiet Entwerfen und Städtebau, Technische Universität Darmstadt)

Im Vorfeld des Campus nutzten wir die Gelegenheit, die Zukunft des Wohnens im Rahmen einer Lehrveranstaltung für Architekturstudierende an der Technischen Universität Darmstadt zu erforschen.

Ziel war es, gewohnte Denk- und Entwurfsmuster durch die Auseinandersetzung mit bestimmten Parametern zu durchbrechen. Ohne die Vorgabe eines konkreten Ortes beschäftigten sich die Studierenden zunächst mit einem frei gewählten Zukunftsthema (z. B. Urbanisierung, Digitalisierung, Energie- und Mobilitätswende oder Demographischer Wandel), analysierten dieses gezielt auf dessen Raumwirksamkeit hin und leiteten davon Parameter ab, die einen direkten Einfluss auf das Wohnen der Zukunft haben könnten. Die Rechercheergebnisse wurden zu einer Zukunftsthese zugespitzt und zu einem Narrativ für einen spekulativen Entwurf verdichtet.

Mit den Erkenntnissen ihrer theoretischen Auseinandersetzung im Gepäck machten sich die Studierenden auf die Suche nach einem Ort für die räumliche Überprüfung ihrer Zukunftsthese. Der Großraum Frankfurt am Main diente dabei als Suchraum und Zukunftslabor. Anhand von Plan- und Luftbild-Analysen sowie Ortsbegehungen wählte jede Arbeitsgruppe einen 500 m × 500 m großen Stadtausschnitt, der sowohl Transformationspotenziale als auch typische stadtstrukturelle Merkmale aufweisen sollte (z. B. Blockrandquartiere, Großwohnsiedlungen, Einfamilienhausgebiete, Gewerbegebiete oder infrastrukturell geprägte Stadträume). Auf Basis des ausgewählten Stadtausschnitts folgte ein «reality check» anhand eines konkreten, räumlichen Entwurfs. Das Wohnen sollte dabei stets maßstabsübergreifend gedacht werden: in den Dimensionen der Wohnung, des Hauses und der Nachbarschaft.

Im Rahmen der Lehrveranstaltung wurden grundsätzliche Fragen zur Zukunft des Wohnens adressiert: Inwiefern lassen sich unsere tradierten Standards hinterfragen? Welche alternativen räumlichen Organisationsformen des Wohnens («X Zimmer, Küche, Bad») sind denkbar? Wie viel private Fläche benötigt eine Person wirklich? Welche Wohnfunktionen lassen sich gemeinschaftlich organisieren, um sowohl die Flächeneffizienz zu steigern als auch eine andere Form des Zusammenlebens zu ermöglichen?

Wohntransformation eines Bürohochhauses

Wie kann das Wohnen über die eigenen vier Wände hinaus gedacht werden, über alle Geschosse eines Hauses hinweg und bis in die Räume des Quartiers? Wie kann Wohnen als Katalysator für urbane Transformation wirken? Wie kann soziale Mischung gefördert und Verdrängung vermieden werden? Wie können lebendige und nutzungsdurchmischte Orte und eine Stadt der kurzen Wege geschaffen werden?

In der Gesamtschau der Ergebnisse ließ sich eine große Vielfalt möglicher inhaltlicher Zugänge erkennen. Die Auseinandersetzung mit der Zukunft des Wohnens fand dabei auf den unterschiedlichsten räumlichen, aber auch organisatorischen Ebenen statt. Die Studierenden entwickelten Entwürfe zur Transformation von Bürohochhäusern, leerstehenden Kaufhäusern und Parkgaragen, städtebauliche Neuordnungen von Shopping-Malls, Großwohnsiedlungen, gewerblich geprägten Magistralen und Hafenarealen sowie Konzepte für generationsübergreifende, inklusive Wohnformen und Mischformen von Wohnen und Arbeiten.

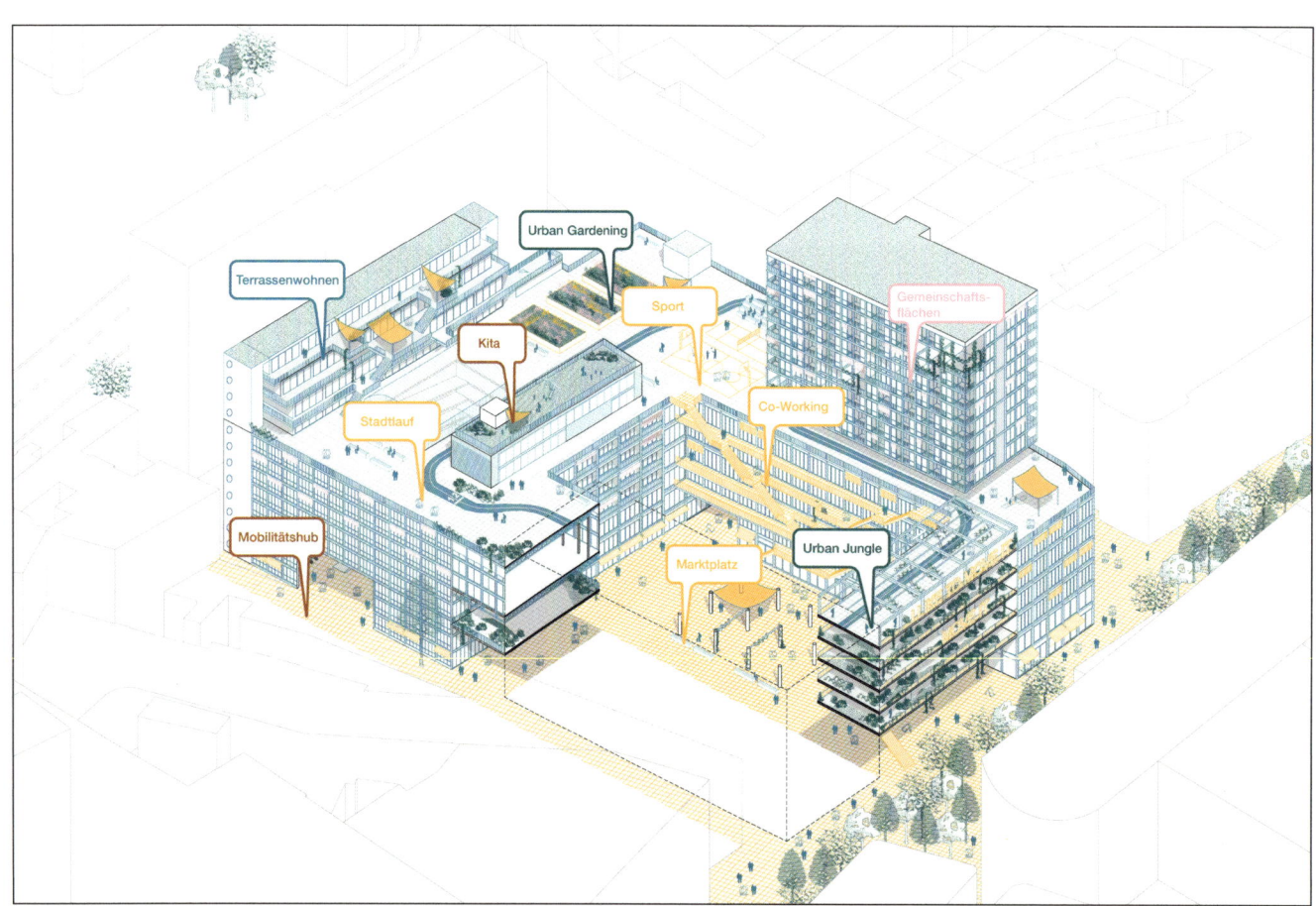

Wohntransformation eines Kaufhauses

A Einführung

WOHNEN UND KLIMA – DIE AUSSENHAUT ALS BEWOHNBARE ÜBERGANGSZONE
Impuls von Lina Streeruwitz
(StudioVlayStreeruwitz, Wien)

Lina Streeruwitz stellte in ihrem Impuls den Bezug zwischen Wohnung und Außenraum in den Mittelpunkt. Anhand von gebauten und ungebauten Entwürfen eröffnete sie vielfältige Perspektiven auf die Außenhaut als luftige, bewohnbare Übergangszone zwischen warm und kalt, zwischen privat und öffentlich. Der Umgang mit dem Klimawandel birgt Herausforderungen und Potenziale für das Wohnen. Die Architekt*innen von StudioVlayStreeruwitz hinterfragen die gängige Praxis, auf klimatische Anforderungen mit immer dicker werdenden Außenwänden und technischen Maßnahmen zu reagieren. Über eine entwerferische Auseinandersetzung wird aufgezeigt, dass die Außenhaut «mehr» sein kann als nur eine harte Grenze.

Ein Beispiel ist das Projekt Florasdorf am Anger in Wien, das in einer exponierten Lage an der Autobahn realisiert wurde. Nach dem Motto «zusammen verschieden leben» wurden unterschiedliche Wohnformen gestapelt, die auf die jeweiligen Lagebedingungen des Baufelds reagieren. Ein System aus vorgesetzten Balkonen, Loggien und Patios schützt die Wohnungen vor Lärm und gibt ihnen dennoch einen direkten Bezug zum Außenraum. Statt die Wohnnutzung mit einer klassischen Lärmschutzfassade abzuschirmen, wurde sie um einen «performativen Brise Soleil» erweitert, der unerwartete räumliche Situationen und differenzierte Raumangebote kombiniert – vom privaten Balkon bis hin zu einem gemeinschaftlichen, das Gebäude durchdringenden «Anger».

Nicht nur mutige Neubauten, sondern auch ungebaute Konzepte haben eine visionäre Kraft, die auf zukünftige Wohnkonzepte ausstrahlen kann. In ihrem Wettbewerbsbeitrag

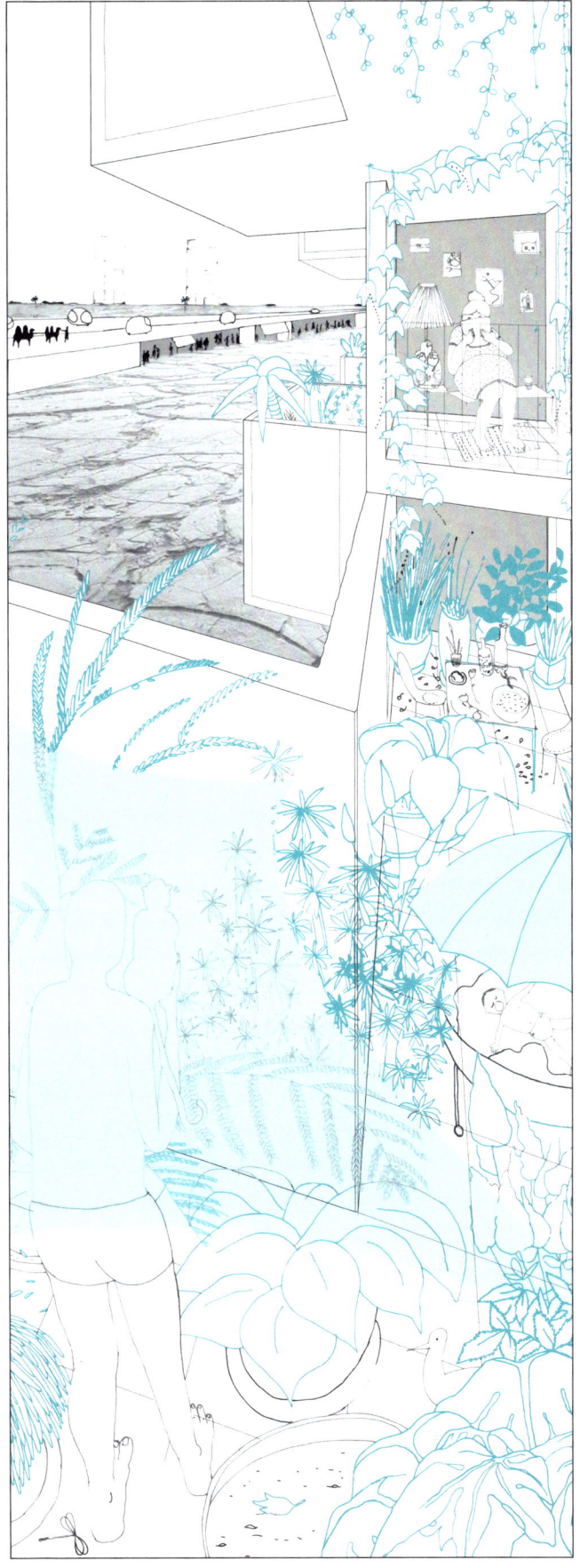

Performativer Brise Soleil – Zukunftsvision 2070

Zukunft als Entwurf

für gendersensibles Wohnen in Wien arbeiteten StudioVlayStreeruwitz gemeinsam mit Feld72 an einem besonders tiefen Gebäudetyp. Das Wohngebäude wurde mit einem «Klimakamin» perforiert, um auch kleinen Einheiten die Qualitäten einer durchgesteckten, quergelüfteten Wohnung zu geben. Eigenschaften, die sich oftmals mit Mehrzimmerwohnungen in einer Zeilensiedlung verbinden, können auf diese Weise in eine hochverdichtete urbane Situation übersetzt werden. Somit werden klimatische Aspekte als Entwurfstreiber für experimentelle Wohn- und Gebäudeformen genutzt – der Umgang mit Klimafragen und zukunftsfähigen Bauweisen wird im Raum erlebbar.

Klimakamin im Grundriss

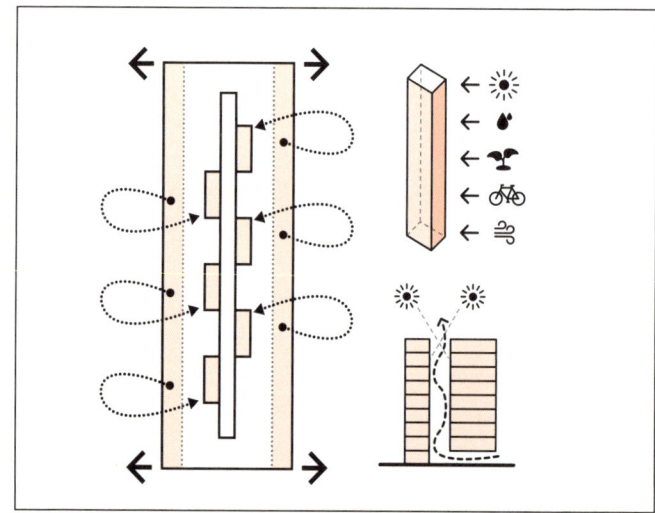

Funktionsprinzip Klimakamin

A Einführung

WOHNEN UND QUARTIER – DIE SCHNITTSTELLE VON ARCHITEKTUR UND STÄDTEBAU ALS POTENZIAL

Impuls von Verena Schmidt und Marius Gantert (Teleinternetcafe Architektur und Urbanismus, Berlin)

Das Wohnen ist eine der wichtigsten «Zutaten» der Stadt. Eine umfassendere Perspektive auf das Wohnen begreifen wir als Chance. Nicht die Nutzung selbst, sondern ihre städtebauliche und gesellschaftliche Dimension steht im Fokus: Wohnen als Bestandteil unterschiedlicher Maßstabsebenen und Entwicklungsachsen, Wohnen in allen Facetten des Alltags, im Spannungsfeld von Privatheit und sozialem Miteinander.

Unser Büro Teleinternetcafe Architektur und Urbanismus arbeitet auf unterschiedlichen Maßstabsebenen und bewegt sich dabei stets an der Schnittstelle von Architektur und Städtebau. Wir sehen ein großes Potenzial darin, über den «Rand» des Baufelds zu blicken. Eine städtebauliche Herangehensweise kann neue Perspektiven für ein zukunftsfähiges Wohnen eröffnen und wechselseitige Synergien zwischen Haus und Quartier fördern: Welchen Mehrwert kann ein Gebäude für sein Umfeld haben? Wie können Einbettung und Vernetzung gestärkt werden? Welche Türen können durch nachbarschaftliche Kooperationen geöffnet werden, z. B. geteilte Quartiersinfrastruktur, Kreislaufwirtschaft im Quartier?

Wohnen wird nach dieser Auffassung nicht auf ein singuläres Objekt reduziert, sondern als Bestandteil eines größeren Kontexts gelesen. Somit rückt das Zusammenwirken von Gebäuden, Freiräumen und deren Gebrauch in den Vordergrund – das Leben zwischen den Häusern. Die Gestaltung der Übergangszonen zwischen Innen und Außen, zwischen privat und öffentlich kann der Schlüssel zu einer offenen, nachbarschaftlichen Atmosphäre sein. Das gilt sowohl für die Schnittstellen zum Quartier als auch für die Schnittstellen innerhalb des Gebäudes, z. B. indem Foyers, Flure und Treppenräume als Teil einer erweiterten «Wohnlandschaft» gelesen und gestaltet werden.

Ein weiteres städtebauliches bzw. stadtplanerisches Prinzip, das sich auf den Maßstab eines Gebäudes übertragen lässt, ist das Denken in Prozessen. Die Zukunft liegt in einem schrittweisen Weiterbauen des Vorhandenen. Eine Balance zwischen definierten Qualitäten und Spielräumen für Anpassungen führt zu transformationsfähigen Gebäude- und Freiraumtypen, die im positiven Sinne «unfertig» bleiben und an den zukünftigen Herausforderungen der Stadtentwicklung wachsen können.

Das große kleine Haus (Teleinternetcafe und bogevischs buero)

Als Beispiel für die positive Verzahnung von Architektur und Städtebau dient ein gemischt genutztes Gebäude, das Teleinternetcafe Architektur und Urbanismus derzeit in Kooperation mit bogevischs buero entwickeln: das große kleine Haus im Kreativquartier München.

In den Jahren 2011 bis 2015 erarbeiteten Teleinternetcafe und Treibhaus eine städtebauliche Planung für das ca. 20 ha große Kreativquartier in München. Den Ausgangspunkt für die Transformation des ehemaligen Kasernen- und Gewerbeareals bildet eine hohe Wertschätzung für den Bestand. Das gilt insbesondere für das «Labor» – ein gewachsenes Gefüge aus Garagen und Hallen, Gassen und Plätzen, das sich zu einer Keimzelle für kreative und soziokulturelle Zwischennutzungen entwickelt hatte. Der Entwurf erhebt ein spannungsvolles Nebeneinander von Alt und Neu zum Planungsziel. Bestehende Qualitäten werden erhalten und mithilfe eines Regelwerks prozesshaft weiterentwickelt. Temporäre und experimentelle

Architekturen werden eingesetzt, um Lücken zu füllen und Raumangebote zu ergänzen. So können neue Bedarfe erfüllt und gleichzeitig Spielräume für eine schrittweise, ortsspezifische Entwicklung offen gehalten werden.

2021 wurde ein erstes Grundstück für einen Neubau innerhalb des Labors im Konzeptverfahren ausgeschrieben. Aus Interesse an der Konkretisierung der städtebaulichen Ziele, gründeten die Partner*innen von Teleinternetcafe gemeinsam mit bogevischs buero eine Genossenschaft für gemischt genutzte Häuser und konnten im Konzeptverfahren den Zuschlag erhalten. Das Projekt trägt den Titel «das große kleine Haus», da es versucht «sowohl – als auch» zu sein: ein vernetzter Baustein mit übergeordneter Bedeutung für das Quartier und ein familiäres Zuhause für seine Nutzerschaft. Der Entwurf versteht sich als Prototyp für die Umsetzung des zuvor konzipierten Kreativquartier-Gedankens. Die städtebauliche Sicht auf das große kleine Haus legt besondere Potenziale für die Zukunft des Wohnens (und Arbeitens) frei, die sich in der Vernetzung, der Gestaltung und der Offenheit des Entwurfs zeigen.

Städtebaulicher Entwurf für das Kreativquartier München (Teleinternetcafe und Treibhaus)

A Einführung

Haus und Quartier   Das Konzept wurde im engen Austausch mit lokalen Institutionen und Akteur*innen entwickelt, um räumliche und programmatische Synergien innerhalb des Quartiers zu fördern. Setzung und Architektursprache leiten sich aus den Qualitäten der Umgebung ab. Das Gebäude wird als Solitär in das bestehende Raumgefüge eingebettet. Auf abgrenzende Zäune oder Barrieren wird verzichtet, um unmittelbare Schnittstellen zu den Freiräumen des Labors zu erzeugen. Eine sogenannte «Multihalle» bildet das zentrale, vernetzende Element des Erdgeschosses. Sie wird durch das Gesamtprojekt querfinanziert und vom Zwang einer festen Belegung entkoppelt, um sowohl der Nutzerschaft des Hauses als auch der erweiterten Quartiersgemeinschaft offen zu stehen. Durch ihre besondere Raumhöhe und die flexible Zuschaltbarkeit der angrenzenden Räume stellt die Multihalle ein «Gefäß» dar, dass immer wieder neu befüllt und auf lange Sicht zu einer interessanten Dynamik sowie zu einer starken Vernetzung mit dem Quartier beitragen kann.

Schnittstellen und Zwischenräume   Der bewusste Umgang mit räumlichen und programmatischen Schnittstellen setzt sich innerhalb des Gebäudes fort. Anstelle einer konventionellen, horizontalen Schichtung der Gewerbe- und Wohnnutzungen wird eine starke räumliche Beziehung zwischen den unterschiedlichen Geschossen und Nutzungsarten angestrebt. Dem «Chaosweg» kommt hierbei eine besondere Bedeutung zu. Er durchkreuzt alle Ebenen und verbindet die individuellen Nutzungseinheiten mit den gemeinschaftlichen Räumen und Dachterrassen. Den Übergang zwischen Chaosweg und Wohnungen bilden nutzungsoffene Zwischenräume, die mehreren Einheiten gemeinsam zur Verfügung stehen und flexibel gestaltet werden können – sei es als temporäres Home-Office oder als erweitertes Spielzimmer. Dieses große Spektrum an Schnittstellen

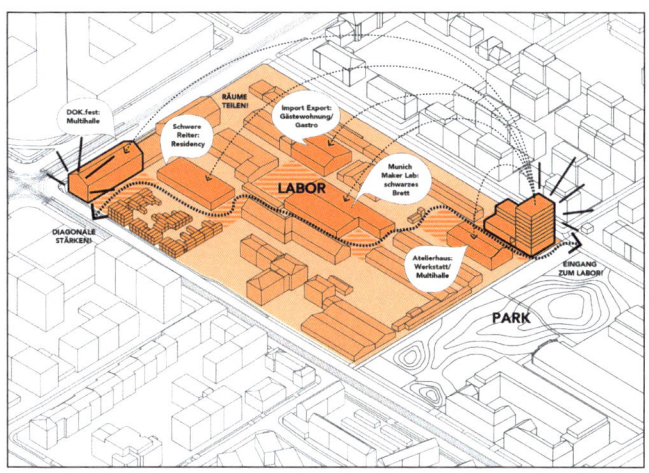

Quartiersbezug

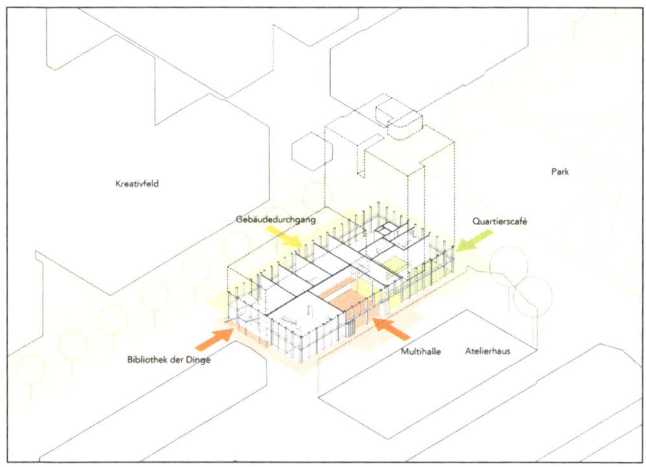

Schnittstellen

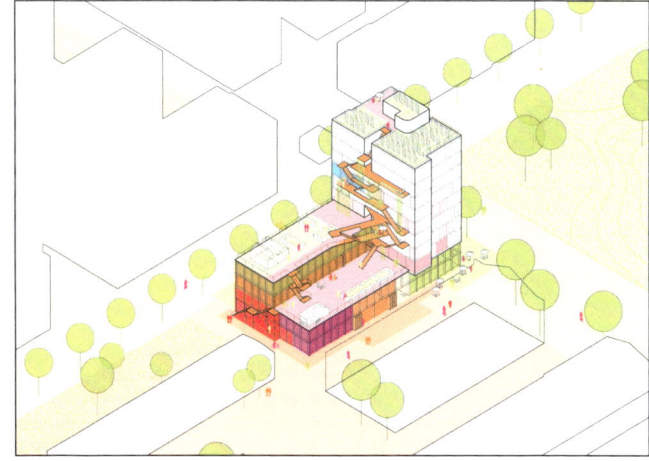

Chaosweg als Gemeinschaftsfläche

und Zwischenräumen soll das Leben im kleinen großen Haus um vielfältige Raumbezüge und spannende Situationen anreichern und ein nachbarschaftliches Zusammenleben fördern.

Struktur und Prozess Der Entwurf für das große kleine Haus ist von langfristigem Denken bestimmt. Zum einen knüpft das Gebäude an die bestehenden Strukturen und Qualitäten des Ortes an. Zum anderen will es Spielräume für eine zukünftige Weiterentwicklung eröffnen. Das Gebäude ist als robuste Struktur mit flexibler Füllung konzipiert. Die Räume bleiben zu einem gewissen Grad undefiniert und erlauben eine Aneignung und zum Teil auch bauliche Anpassung durch die Nutzerschaft, z. B. durch den Einbau von Galerieebenen, das Zusammenschalten und Abtrennen von Räumen, etc. Ein Mitdenken vergangener und zukünftiger Prozesse zeigt sich auch im Ansatz des zirkulären Bauens. So sollen nachwachsende Rohstoffe und recycelte Elemente verwendet und im Hinblick auf einer spätere Weiterverwendung nach Möglichkeit sortenrein verarbeitet und demontierbar gefügt werden.

AUSBLICK

Für uns als Planer*innen und Gestalter*innen verbinden sich die Zukunft des Wohnens viele interessante Denk- und Handlungsoptionen. Sich verändernde Lebensstile und daraus resultierende Wohnvorstellungen können dabei ebenso eine Rolle spielen wie das Hinterfragen typologischer und baulicher Standards oder die Weiterentwicklung von Organisations- und Trägerschaftsmodelle für gemeinschaftliche Wohnprojekte. Diese räumliche Fragestellungen erfordern eine vielschichtige inhaltliche Auseinandersetzung.

A EINFÜHRUNG

Das E-Werk in Luckenwalde

Gespräch mit Pablo Wendel

Marius und Verena: Obwohl wir für die Werkstattwoche einen freien Zugang zum Thema «Zukunft Wohnen» gewählt haben, ohne konkrete Vorgabe eines räumlichen Kontextes für eine städtebauliche oder architektonische Auseinandersetzung, war es uns sehr wichtig, einen Ort mit einem starken Narrativ zu finden, welches einen freien Denkprozess inspirieren kann. Worin besteht aus Deiner Sicht das Narrativ des E-Werks? Was war es, was ist es, was wird es sein?

Pablo: Das E-WERK ist ein Ort, der unterschiedlichste Energien wie aus Architektur, Kunst oder Elektrizität zusammenbringt und synthetisiert, er funktioniert als Plattform und multifunktionales Werkzeug. Wir möchten Transdisziplinarität auf neue Art und Weise erlebbar machen und durch die wiederbelebten Orte Menschen Lust machen, selbst aktiv zu werden, über bestehende Grenzen hinweg zu imaginieren und auch ein bisschen freier und utopischer zu denken. Das E-WERK als ehemaliges Braunkohlekraftwerk steht symbolisch für einen fossilen Dinosaurier, ihn CO_2-neutral zu bändigen ist ein Beispiel für eine mögliche Transformation des viel besprochenen gesellschaftlichen Wandels. Das E-WERK ist ein Ort, der Mut macht, daran zu glauben, dass ein Wandel in einem größeren Maßstab selbstorganisiert möglich ist.

MG/VS: Welches Verständnis von Nachhaltigkeit liegt Eurer Arbeit am und im E-Werk zugrunde?

PW: Oft wird nur über harte Faktoren der Nachhaltigkeit gesprochen, die haben wir im E-WERK schon lange umgesetzt und eine CO_2-neutrale und sogar CO_2-negative Effizienz geschaffen. Die Frage der Primärenergie wird im E-WERK in allen Bereichen gestellt und mitgedacht und begleitet uns bis zu einer hohen Fertigungstiefe.

Viel wichtiger sind aber die weichen Faktoren, die oft unbeachtet bleiben, wie beispielsweise der Transfer von Wissen, das wir als Know-How-Sponsoring akquirieren, aber auch ständig weitervermitteln. Fehlendes Vertrauen und fehlende Verbindlichkeit sind weitere CO_2-Schleudern: Es werden enorm viele Ressourcen verbraucht, wenn einander nicht vertraut wird oder durch spontanes Absagen und Umplanen. Bei einem reservierten Sitzplatz, der Last Minute gecancelt wird, werden die Ressourcen dennoch verbraucht, ohne dass jemand anders ihn wahrnehmen kann. Genauso wichtig ist es, kooperationsfähig zu sein und zu bleiben, das ist eine ganz wichtige Form der Nachhaltigkeit. Wenn man nicht miteinander in den Austausch geht, wird ein großes Potenzial von Nachhaltigkeit nicht genutzt. Warum fährt man nicht mit dem Auto des Nachbarn? In dem Moment, in dem Menschen miteinander kooperieren und von gegenseitigen Bedürfnissen wissen, trägt das zur Nachhaltigkeit bei. Es ist aber auch nicht immer einfach kooperationsfähig zu sein, daran zu arbeiten ist etwas, das wir ständig versuchen.

Gespräch mit Pablo Wendel

A Einführung

MG/VS: Wie spiegelt sich diese Haltung zur Nachhaltigkeit in Eurer Produktion und Vermittlung von Kunst und Kultur wider?

PW: Im gesamten Entstehungsprozess überdenken wir immer wieder unsere Entscheidungen und überlegen, wie die Planung, Durchführung und schließlich die Ausführung noch nachhaltiger gestalten kann. Es geht dabei nicht nur darum, das Ergebnis nachhaltiger zu gestalten, sondern schon den ganzen Prozess. Natürlich geht es dabei auch um die ästhetische Erfahrung, die ja letztlich zu einer größeren Lebensqualität und mehr Freude im Alltag beiträgt. Wir möchten Spaß an der Transformation und kreativen Lösungen vermitteln und zeigen, wie so ein Prozess partizipativ funktionieren kann. In der E-Tankstelle, die vor dem E-WERK steht, verschenken wir den Kunststrom an Gäste, die in die Pedale treten. Ganz aktuell entsteht «Super Duty», ein Fahrzeug, das durch einen Holzgas-Pyrolyseprozess mit Omas altem Gartenzaun als Treibstoff fahren kann.

Unsere gerade laufende Ausstellung «Power Nights: Being Mothers» entsteht mit den Prinzipien des Slow Curatings. Über einen Zeitraum von einem Jahr kommen nach und nach immer wieder neue Installationen, Filmarbeiten und performative Arbeiten zu der Ausstellung hinzu. Diese entschleunigte Form des Kuratierens hat es uns ermöglicht, auf kollaborative Prozesse zu setzen, regionale Akteur*innen mit einzubeziehen und natürliche, lokale Ressourcen zu verwenden, die anschließend in einem erweiterten Stoffkreislauf weiter genutzt werden können.

MG/VS: Das E-Werk Luckenwalde ist nicht nur der Ort, an dem Ihr arbeitet und künstlerisch tätig seid, Ihr habt 2018 Eure Lebensmittelpunkte aus London und Stuttgart hierher verlegt und wohnt im Obergeschoss des E-Werks als kleine Familie, zusammen mit Künstler*innen, die ihre Atelierräume hier im E-Werk haben. Ist diese Lebensform ein Sonderfall oder seht Ihr darin Potenziale für unsere Debatte zur Zukunft des Wohnens?

PW: Wohnen und Arbeiten zu verbinden, ist eine Debatte, die in Zeiten der Pandemie noch mal verstärkt geführt wurde. Da steckt auf der einen Seite viel Potenzial drin, aber auch das Risiko, dass Arbeit und Leben verschmelzen und kapitalisiert werden. Die Art und Weise, wie wir heute arbeiten können, ist das Ergebnis vieler sozialer Errungenschaften der letzten Jahrzehnte. Ich hoffe, dass die Zukunft des Wohnens nicht zu einer sich stets selbst optimierenden Ausbeute der eigenen Arbeitskraft führen wird. Viele Künstler*innen beschleunigen den Trend, die Grenzen von Arbeiten und Leben aufzulösen. Für die Kunst mag das hilfreich sein, aber für die Gesellschaft wäre eine Entschleunigung gesünder.

A Einführung

EW

FLUXDOME

TraShed

E-WERK Luckenwalde
Rudolf-Breitscheid-Str 73
14943 Luckenwalde

TRAFO

Heinzelmann
Coal House

Kesselhaus
Engine Room

Super Kunststrom

Ausgang
Exit

Galerie 3

Information & Shop

WCs

Turbinenhalle
Turbine Hall

Fahnen
Flags

Büro
Office

Eingang
Entrance

Galerie 1

Galerie 2

↓
Luckenwalde Zentrum
City Centre
Bahnhof
Train station

Eingang
Entrance

Stadtbad
Bauhaus City Pool

A   Einführung

Es macht aber auch Spaß, in einem ehemaligen Braunkohlekraftwerk zu leben. Ein Braunkohlekraftwerk als Wohn- und Lebensort ist natürlich etwas Besonderes, lässt mich immer wieder über die Geschichte reflektieren und gibt mir eine enorme Inspiration für meine Arbeit.

Durch den Denkmalschutz und das hohe Alter des Kraftwerks kann Nachhaltigkeit noch einmal anders interpretiert werden. Man hat fast schon eine Demut gegenüber einem Gebäude, das man, gemessen an der Lebenszeit eines solchen Baus, für eine sehr kurze Dauer mitgestalten darf.

MG/VS: Was bedeutet das E-Werk für Luckenwalde? Wirkt das Projekt auch über die Grundstücksgrenzen hinaus? Liefert unsere Werkstattwoche eventuell Impulse für die Weiterentwicklung?

PW: Kultur spielt eine viel größere Rolle in der Stadtentwicklung als oft angenommen wird. Schade ist nur, dass die Kultur selbst davon oft so wenig finanziell profitiert und Künstler*innen als passive Katalysatoren fungieren. Luckenwalde hat hier sehr gute Voraussetzungen und diese Kraft von Kultur schon sehr früh erkannt. Zahlreiche historisch gelungene Zeugnisse davon sind hier noch heute zu sehen und zeigen weiterhin ein offenes und sich ständig weiterentwickelndes Labor der Zukunft.

Vieles in eurer Werkstattwoche war ganz konkret mit der Entwicklung des Kreativcampus-Areals verbunden, das gerade parallel bei uns anläuft. Das hat unsere Perspektive enorm erweitert und ergänzt und es war ein ideales Format, das auch das E-WERK in seiner Entwicklung unterstützt hat. Gleichzeitig hatten wir das Gefühl, dass der Workshop und das Format extrem gut an diesem Ort funktioniert haben. Wir waren überrascht, wie schnell und mit welcher Intensität neue Formen von Begegnungen möglich waren und wie kreative Ergebnisse erarbeitet wurden. Es hat mir aber auch gezeigt: Die Zukunft des Wohnens ist ein Thema, das immer im Dialog bleiben muss und eigentlich eine lebenslange Frage bleiben sollte.

MG/VS: In der Auseinandersetzung mit wünschenswerten Zukünften landet man schnell beim Begriff der Utopie – auch in der Werkstatt wurde dieser Begriff verhandelt und dem pragmatischeren und unmittelbareren Ansatz des Experimentes gegenübergestellt. Wie würdet ihr das E-Werk einordnen?

PW: Unsere Zeit ist geprägt von fehlenden Utopien und dem Glauben, dass sie immer zum Scheitern verurteilt sind. Vielmehr ist der Prozess dahin eigentlich der entscheidende Faktor oder eine gelebte Utopie selbst. Ein wichtiger Ansatz ist das Zusammendenken von verschiedenen Bereichen, die man sonst getrennt betrachtet, so sind im E-WERK

Energiekonzept und Ausstellungsbetrieb nicht mehr zu trennen und bilden eine besondere Symbiose.

Eine oder viele Utopien bilden immer eine Vision, auf die man zuarbeitet, aber der Prozess und auch das Scheitern sind ein ganz wichtiger Bestandteil dieser Entwicklung. Somit verlagern sich im Prozess die Perspektiven und Visionen und dadurch verändern sich die Ziele und damit auch die Utopien verändern sich. Man muss natürlich auch Zugeständnisse an die Realität machen.

Aber eine Welt ohne Utopien wäre utopisch.

B IMPULSE

Wohnen ist (Aus-)Handlung — Vedrana Žalac & Ivo Balmer — 40

Die Zukunft des Wohnens beginnt im Bestand — Nanni Grau & Frank Schönert — 46

Raumzellen und Wohnlandschaften — Susanne Dürr & Gerd Kuhn — 54

Während des Campus wurden die Teilnehmenden von Mentor*innen-Teams inspiriert, begleitet, beraten, ermutigt und hinterfragt. Vedrana Žalac und Ivo Balmer (Denkstatt sàrl, Basel), Nanni Grau und Frank Schönert (Hütten & Paläste Architekten, Berlin), Susanne Dürr und Gerd Kuhn (urbi_et, Karlsruhe/Tübingen), trugen mit Impulsen aus Praxis und Forschung zu einer vielschichtigen Annäherung an das Thema Zukunft Wohnen bei.

B   IMPULSE

Wohnen ist (Aus-)Handlung

Vedrana Žalac & Ivo Balmer

Vedrana Žalac und Ivo Balmer arbeiten im Team Denkstatt sàrl in Basel. Die Denkstatt befasst sich mit planerischen und sozialräumlichen Prozessen sowohl in urbanen als auch ruralen Kontexten. Mit einem interdisziplinären Team werden Areale, Gebäude und Freiräume in kollaborativer Arbeitsweise entwickelt. Raum wird im erweiterten Sinn dynamisch verstanden, welcher durch die unterschiedlichen Handlungen der beteiligten Akteur*innen stets neu verhandelt und gestaltet wird. Die Denkstatt engagiert sich für das Gemeinwohl, indem sie an den Schnittstellen zwischen Planung, Zivilgesellschaft und Politik agiert.

Es kommt darauf an, das Hoffen zu lernen.
Wenn wir zu hoffen aufhören,
kommt, was wir befürchten, bestimmt.   Ernst Bloch

Wohnen ist Grundbedürfnis. Die gängige Wohnungsproduktion unterliegt aber zusehends und ausschließlich einer Finanzlogik, welche das Anlageinteresse des Kapitals priorisiert. Diese Entwicklung muss zurückgedrängt und langfristig verhindert werden. Nur so bleiben eine dauerhafte Bezahlbarkeit und das Recht auf Wohnen möglich. Eine Entkopplung von der Finanzlogik ist die Voraussetzung, damit Mehrwerte für alle erhalten bleiben oder erst geschaffen werden können. In Anbetracht der Klimakrise verstärkt sich diese Notwendigkeit und bildet die Basis für flexible Anpassungsmaßnahmen in einer unsicheren Zeit. «Die Zukunft des Wohnens ist gemeinwohlorientiert».

Wohnen verbindet das individuelle Bedürfnis nach einem Zuhause mit der solidarischen Gemeinschaft. Dies erfordert Mechanismen demokratischer Aushandlung, in welchen individuelle Bedürfnisse berücksichtigt und in verbindliche Entscheidungen überführt werden können. Das Spannungsfeld zwischen den persönlichen Einzelinteressen und einer radikalen Infragestellung gängiger Normen ist stets enthalten. Es ist das Momentum, in welchem Innovationen für mögliche Zukünfte entstehen können. «Die Zukunft des Wohnens ist kollektiv».

Diese Setzungen beinhalten für uns relevante Aspekte des Wohnens. Wohnen verstehen wir als soziale Praxis, – als (Aus-)Handlung – und nicht als materielle räumliche Struktur. Mit diesem Standpunkt sind wir in den gemeinsamen Arbeitsprozess eingestiegen.

BAUSTEINE DER (AUS-)HANDLUNG FÜR DIE ZUKUNFT DES WOHNENS

Die «Zukunft des Wohnens» beginnt jetzt. Wohnen ist immer in bestehende räumliche sowie gesellschaftliche Kontexte eingebunden. Diese Rahmenbedingungen sind gegeben und spiegeln die Ausgangslage wider, welche durch Handlungen verändert werden kann. Das Ausmaß und die Art der konkreten Handlungsmöglichkeiten sind orts- und zeitbezogen verschieden. Aus strategischer Sicht müssen die vorhandenen Freiheitsgrade identifiziert werden. Die Herausforderung besteht darin, das Machbare abzuschätzen und die identifizierten Handlungsoptionen zu nutzen. In dieser Verbindung liegt die Hoffnung, die bestehenden Gegebenheiten pragmatisch – Schritt für Schritt – zu verändern und sie langfristig für die Zukunft zu sichern.

Wir gehen von der prinzipiellen Veränderbarkeit von Rahmenbedingungen aus. Veränderungen müssen durch aktives (Aus-)Handeln durchgesetzt werden. Im gemeinsamen Arbeitsprozess wurde dazu das Bild des Mischpults mit unterschiedlichen «Reglern» entwickelt. Die Einstellung des Mischpults beschreibt die Ausgangslage und dient als Analyseinstrument des Kontexts. Verschiebungen der «Regler» implizieren Veränderung. Nicht alle «Regler» lassen sich gleich gut bewegen, manche klemmen fest und deshalb braucht es Strategien.

ZUKUNFT BRAUCHT SPEKULATIONSENTZUG

Die Sicherstellung des Spekulationsentzuges ist die Grundvoraussetzung für gemeinwohlorientiertes Wohnen. Diese Voraussetzung bildet ein wie auch immer geartetes Schutzeigentum. Diese Funktion kann durch verschiedene Träger*innen-Modelle hergestellt werden, solange der Wiederverkauf und die Vermietung zu Marktpreisen ausgeschlossen bleiben. Das Handlungspotenzial kann durch Feinjustierungen der Träger*innen und die Veränderung politischer Rahmenbedingungen erhöht werden. Das betrifft mitunter die Wohnkosten, die Dauerhaftigkeit, die Mitbestimmung der Nutzer*innen und die Integration der Nachbarschaften (z. B. Genossenschaftsmodelle, Erbbaurechte, Community Land Trusts).

Das Problem dieser eigentumsrechtlichen Strategie liegt in ihrer Geschwindigkeit. Denn Spekulationsentzug muss immer aktiv gegen die herrschenden Kapitalinteressen und die verbreitete Immobilienverwertungslogik durchgesetzt werden. Die Preisentwicklung ist stark steigend und das schnelle Agieren setzt einen hohen Organisationsgrad voraus. Die Handlungsstrategie des «be faster» beschreibt das dazu notwendige und eingeübte Zusammenspiel zwischen geeigneten Trägerstrukturen, der politischen und zivilgesellschaftlichen Ebenen.

Die eigentumsrechtliche Absicherung schafft ein Setting, in welchem Wohnmodelle mit einem minimalen ökonomischen Druck umgesetzt und erprobt werden können. Die Handlungsspielräume nehmen mit der Zeit zu. Dies steigert Flexibilität und Anpassungsfähigkeiten für die Zukunft des Wohnens. Das ist zentral, agieren wir doch heute mit einem hohen Ausmaß an Unsicherheit. Im gemeinsamen Arbeitsprozess wurde deutlich, wie wichtig die schnelle Durchsetzung von Gemeinwohl orientierten Eigentumsstrukturen ist. Es entscheidet sich schon heute, welches Potenzial für eine hoffnungsvolle Zukunft des Wohnens gegeben sein wird.

ZUKUNFT BRAUCHT GEMEINSCHAFT

Die kollektive Projektorganisation beschreibt die Praxis, in welcher individuelle Bedürfnisse mit gemeinsamen Vorstellungen und geteilten Zielsetzungen aufeinander abgestimmt werden. Die gemeinschaftliche Nutzung von Flächen sowie das Teilen von Fähigkeiten und Gegenständen stehen dabei als Ziel im Vordergrund. Der demographische Wandel und die Klimakrise verstärken diese Bedürfnisse nach selbstorganisierten Ansätzen und gelebter Solidarität. Dies betrifft sowohl die Entwicklung als auch den Betrieb von Wohnprojekten. Der Fokus auf das Soziale führt dazu, dass gängige Wohnkonventionen und bauliche Standards hinterfragt werden. Die kollektiv erarbeiteten Lösungsansätze erschöpfen sich somit nicht in rein baulichen Maßnahmen, sondern verweisen immer auch auf organisatorische Ansätze.

Die zentrale Herausforderung von kollektiven Strukturen liegt im permanenten Spannungsfeld zwischen Individuum und Gemeinschaft. Dies kann durch die Abstufung von Gemeinschaftlichkeit aufgefangen werden. Der potenzielle Konflikt bleibt allerdings bestehen. Die Handlungsstrategie des «less is more» beschreibt den individuellen Mehrwert, welcher durch die solidarische Kraft des Kollektivs hergestellt werden kann. Die Betonung der gemeinschaftlichen Stärken sind für Lösungsansätze der Klimakrise zentral.

Kollektive Organisationsmodelle ermöglichen ein Setting, in welchem demokratische Entscheidungsprozesse möglich werden. Die herrschenden Machtstrukturen werden damit soweit möglich zurückgedrängt. Die konkreten Praxiserfahrungen des Gemeinsamen bauen das Vertrauen in die selbstorganisierte Solidarität auf. Dies schafft für die Zukunft eine resilientere Grundlage. Der Zugang wird vergrößert. Im Arbeitsprozess wurde diese Strategie auf ein erfahrbares «less is more» zugespitzt. Erst das konkrete Erleben von sozialen und räumlichen Mehrwerten schafft die vertrauensvolle Grundlage dafür, dass gemeinschaftliche Organisationsmodelle aus der Nische treten können und damit gesellschaftlich skalierbar werden.

ZUKUNFT BRAUCHT EINE RADIKALE VISION

Kontextanalyse und Handlungsstrategien reichen nicht aus, um die allgemeine Logik der gesellschaftlichen Organisation gezielt herauszufordern und bestenfalls zu verändern. Zu diffus sind die individuellen Ziele, zu eingebettet die Akteure*innen in den bestehenden System- und Machtzusammenhängen. Es braucht eine umfassende Vision für eine gerechtere Zukunft. Die «Vier-in-Einem-Perspektive» von Frigga Haug ist der Versuch, eine neue Vorstellung der alltäglichen Zeiteinteilung zu entwickeln. «Was wäre, wenn das Erwerbsleben, die Care-Arbeit, die eigene Entwicklung und die politische Arbeit gleichberechtigt nebeneinanderstehen?» Die Frage setzt das Individuum mit seinen Bedürfnissen ins Zentrum. Die möglichen Antworten implizieren radikale Konsequenzen auf der gesellschaftlichen Ebene.

Die hoffnungsgeladene Fragestellung der «Vier-in-Einem-Perspektive» beförderte Assoziationen zur Zukunft des Wohnens, welche über heutige Ansätze und Erkenntnisse hinausgehen. Dies war für den Arbeitsprozess sehr befreiend und befruchtend. Die gesetzte Vision lieferte einen geteilten Referenzrahmen für die sozialen und räumlichen Konsequenzen, welche aus den entwickelten Handlungsstrategien durch eine soziale Praxis im «Jetzt» in der Zukunft hervorgehen sollen.

Wir gegen den Markt

Räumlicher Ausgangspunkt:	Bestehendes Altbauquartier
Funktion der Vision:	Die Mehrwerte eines Quartiers lassen sich nach der «Vier-in-Einem-Perspektive» beschreiben, es braucht entsprechend der vier Tätigkeiten genügend Orte.
Handlungsstrategien:	Möglichst viele Grundstücke sind durch kooperatives Verhalten in gemeinwohlorientiertes Eigentum zu überführen, dies fördert je nach Grundstück, die zeitnahe und höhere Wahrscheinlichkeit einer emanzipierten Zukunft.

Der Zaun im Kopf

Räumlicher Ausgangspunkt:	Bestehendes Einfamilienhausquartier
Funktion der Vision:	Aus der «Vier-in-Einem-Perspektive» wird die Limitation des singulär betrachteten Einfamilienhauses deutlich, das Quartier als Verbund hat allerdings Potenzial.
Handlungsstrategien:	Die Eigentümer*innen erkennen sich als Kollektiv an und denken Wohnen und geteilte Flächen im Quartier gemeinschaftlich, die eigentumsrechtliche Ausgangslage ist gegeben, sie spenden ihre Grundstücke in eine Bodenstiftung mit dem Ziel, langfristig mehr Gemeinschaftlichkeit zu erreichen.

Tischgesellschaft

Räumlicher Ausgangspunkt:	Bestehendes großes Einzelgrundstück
Funktion der Vision:	Die «Vier-in-Einem-Perspektive» verweist auf die Notwendigkeit einer Nutzungsvielfalt auf dem Grundstück.
Handlungsstrategien:	Die eigentumsrechtliche Übertragung des Grundstücks ist blockiert, der Aufbau einer kollektiven Aneignungsperspektive ist die einzige Option, dafür wird – in einem ersten Schritt – ein bedeutungsloser, leer stehender Fahrradunterstand besetzt und die Nachbarschaft zum Austausch eingeladen, es gründet sich ein Verein, welcher Anspruch auf das Grundstück erhebt. Im Sinne eines Trojaners wird die schwächste Stelle des anzueignenden Ortes genutzt, um mit kollektiven Perspektiven den Druck zu erhöhen.

Wohnen ist (Aus-)Handlung

45

B IMPULSE

Die Zukunft des Wohnens beginnt im Bestand

Nanni Grau & Frank Schönert

Nanni Grau und Frank Schönert gründeten 2005 das Architekturbüro Hütten und Paläste in Berlin. Ihr Arbeitsfeld umfasst die Planung und Realisierung experimenteller Architekturen für urbane Wohn- und Lebensformen. Sie entwickeln architektonisch bauliche Strategien, die versuchen, mit wenigen Ressourcen auszukommen und durch ihre Offenheit und Anpassungsfähigkeit lange Lebenszyklen zu ermöglichen. Das schließt die Aktivierung, programmatische Aufladung, Mischung und Nachnutzung von Gebäudebeständen und ein hohes Maß an Mitbestimmung der Nutzer*innen im Planungsprozess mit ein.

Unser Input für die Werkstatt beinhaltete drei Schwerpunkte, die unser Arbeitsfeld prägen und die uns für die Beschäftigung mit dem Wohnen der Zukunft wichtig erscheinen:

A. VERÄNDERUNG LEBEN

Gesellschaftlicher Wandel führt zu permanenten Anpassungen unserer Wohn- und Lebensverhältnisse. Insofern kann das Bestehende immer nur als temporärer Zustand verstanden werden. «Was wäre, wenn wir Gebäude grundsätzlich in ihrer Veränderbarkeit begreifen würden? Gebäude mehr wie einen Garten, in dem es blüht und vergeht, zu verstehen, könnte ein interessantes Denkmodell sein!» Schon aus Gründen des Ressourcenverbrauchs fordern wir, Gebäudebestände grundsätzlich nicht mehr abzureißen, sondern um- und weiterzunutzen.

Multitalent Ossietzky Hof, Nordhausen
Wie kann aus einem funktional veralteten, uniformen Baubestand durch zeitgenössische Wohn-, Gemeinschafts- und Freiraumangebote ein Ort für eine neue, vielfältige Bewohnerschaft entwickelt werden? Es werden neue Lösungen und Standards zur ressourcenbewussten Gestaltung und nachhaltiger und vernetzter Energiekonzepte entwickelt und auf Quartiersebene zusammen gedacht sowie Möglichkeiten der gemeinschaftlichen und individuellen Aneignung integriert.

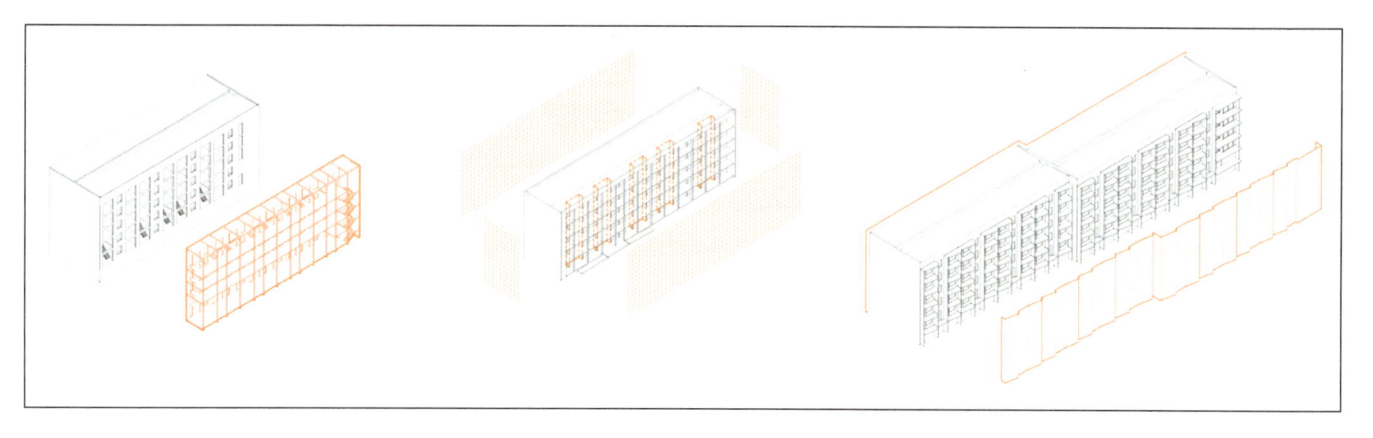

Multitalent: Charakterbildende Add-Ons

Multitalent Ossietzky-Hof

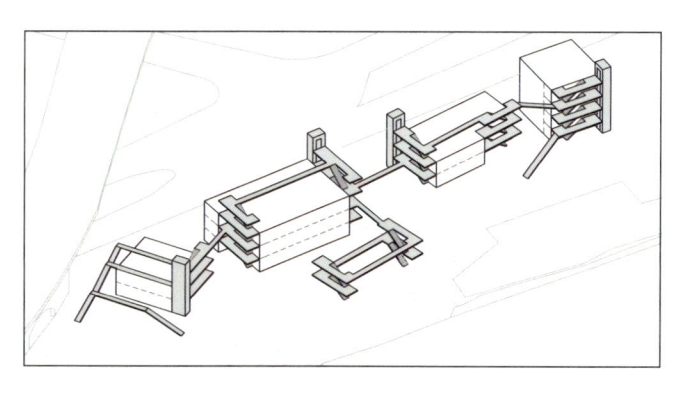

Holzmarkt: Baulich-konstruktive Grundstruktur

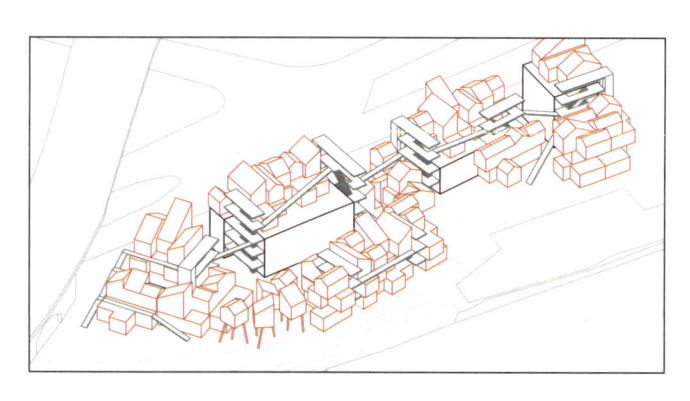

Holzmarkt: Flexible An-, Um- und Weiterbaubarkeit

Holzmarkt Quartier

B　　Impulse　　48

Der Bestand umfasst drei Gebäude in Block- und Plattenbauweise (WBS 70) aus den 1960er bis -70er Jahren, die durch gering invasive und investive Umbaumaßnahmen eine Transformation vom Seriellen ins Individuelle erfahren. Die namenlosen Blöcke werden zu Individuen und heißen fortan: «Franzi», «Ludwig» und «Sophia».

Der Ossietzky-Hof

Aus dem zentralen, ursprünglich nur dem Parken dienenden Binnenraum wird ein Hof als geschützter Raum mit Angeboten für die Quartiersgemeinschaft gebildet. Die Plattenbauten werden in ihrer Eigenschaft als Systembauten auf den Prüfstand gestellt, durch gezielte Interventionen für neue Nutzungen umprogrammiert und aus ihrer inhärenten Struktur heraus fortgeschrieben. Dazu werden die Grundrisse durch einfache Eingriffe zu flexiblen und größtenteils barrierefreien Wohnungen umgebaut.

Charakterbildende Add-ons

Add-ons addieren neue Nutzungsschichten und vermitteln dadurch zwischen Innen- und Außenräumen. Sie übernehmen im Dreiklang Wohnergänzungsnutzungen, bedienen klimatisch energetische Aspekte und stellen immer auch spezifische Verbindungen zum Freiraum her. Dies wurde insbesondere möglich durch eine durchgängig praktizierte transdisziplinäre Arbeitsweise mit allen beteiligten Fachplaner*innen. So wird der vorhandene Laubengang von «Franzi» stellenweise zu einer Loggia aufgeweitet und als Schaltraum zwischen Wohnung und gemeinschaftlicher Erschließung ausgebildet.

Bei «Ludwig» erhalten die Balkone an der Südfassade eine Klimahülle und wirken fortan als «begehbare Dämmung»: Sie erweitern den Nutzungszeitraum in die Übergangszeiten hinein und fungieren als Klimapuffer, eine zusätzliche Dämmung der Südfassade ist daher nicht mehr notwendig.

«Sophia» erhält ein vorgestelltes «Regal», das gemeinschaftlich nutzbare Terrassen zur Verfügung stellt und übernimmt auch die barrierefreie Erschließung des gesamten Gebäudes über ein integriertes Treppenhaus mit Fahrstuhl.

Energiekonzept/Dämmkonzept

Das Energiekonzept baut auf einer sozialverträglichen Sanierung mit einer geringinvestiven moderaten Verbesserung der Gebäudehülle und der Optimierung von Wärmeverlusten und Stromverbräuchen der Heizungsverteilung auf. Photovoltaik-Anlagen auf den Dächern und Erdspeicher liefern lokale, erneuerbare Energie, die bedarfsabhängig im Quartier verteilt wird.

B. WOHNEN ORGANISIEREN – RÄUMLICHE KONZEPTE FÜR KOOPERATIVE PLANUNGSPROZESSE

Wir verstehen Wohnen nicht nur als bauliches, sondern auch als soziales Experiment. Im gemeinschaftlichen Planungsprozess muss einerseits darüber nachgedacht werden, welche Regeln sowie Organisations- und Entscheidungsstrukturen zugrunde gelegt werden, andererseits baulich-räumliche Konzepte entwickelt werden, die es ermöglichen, mit vielen Variablen und Anpassungen umzugehen.

Holzmarkt, Berlin

Der Holzmarkt im Zentrum Berlins ist ein Quartier für Kreativgewerbe, bei dessen Entwicklung das Offene, das Ungeplante und das Mögliche mitgedacht wurde. Dadurch ist das Projekt mehr eine Struktur als ein Gebäude, bei dem der Plan nur eine mögliche Auslegung der zugrundeliegenden Spielregeln darstellt und welches in Teilen von den zukünftigen Nutzer*innen selbst gebaut wird. Hier entsteht seit 2015 ein Nutzungsmix aus Arbeiten,

Produktion und Kultur, der neuen Formen des Zusammenlebens und Zusammenarbeitens Ausdruck verleiht.

Stetiges Wachstum und Veränderung ist Teil des Projektverständnisse, das durch Nutzer aus der Club- und Do-it-yourself-Kultur initiiert wurde, die mit Techniken der kurzfristigen und spontanen Umsetzung von Bauprojekten vertraut sind.

Leitgedanke der Dorfplanung ist die Entwicklung einer baulich-konstruktiven und räumlichen Struktur, die den Nutzer*innen als Gerüst für Möglichkeitsräume dient und einem partizipativen Planungsprozess und einer partizipativen Nutzung standhält. Sie ist mittels An-, Um- und Weiterbaubarkeit flexibel, ermöglicht einen dauerhaften Transformationsprozess und gewährleistet so den Erhalt von kreativen Freiräumen. Sie ist offen für Selbstbau, spontane Planung und unvorhergesehene Nutzungsänderungen.

Das Quartier beherbergt zwei Bautypologien, die sogenannten «Hallen und Hütten». Das räumliche Konzept ist eine dreidimensionale Anleitung für den Selbstbau: das Rückgrat des Quartiers bilden vier Hallen aus einfachen, schnell zu errichtenden Betonfertigteilen aus dem Bauteilkatalog zur Herstellung von robusten, kostengünstigen Räumen. Sie stellen eine gemeinschaftlich genutzte, großräumige Infrastruktur dar und beherbergen eine Zimmerei, Studios, eine Markt- und Eventhalle sowie einen Übungsraum für Seilartisten. Die «Hallen» werden im Laufe der Zeit mit kleinteiligen, individuell geprägten «Hütten» durch die Nutzer*innen im Selbstbau ergänzt. In ihnen können sich Nutzungen wie Ateliers, Werkstätten, Läden, Cafés, Handwerk, Büros etc. ansiedeln. Die Entwicklung des Holzmarktes ist langfristig und verläuft in Etappen. Die Konfiguration der Infrastruktur entscheidet über die Möglichkeiten der Nutzung.

C. GEBÄUDE ALS QUARTIER

Was wäre, wenn Wohngebäude selbst zu Quartieren würden, wenn wir Wohnnutzungen viel freier mit anderen Nutzungen und Beständen kombinieren würden? Welche programmatischen und thematischen Wohnexperimente sollten wir zukünftig unbedingt wagen?

Kreisläufe
In gemischt genutzten Gebäuden können Wohn- und Gewerbenutzungen anhand von Kreislaufprozessen vielfältig miteinander verbunden werden. Dabei wird der Abfall des einen zur Ressource des anderen: mittels Tauschen und Teilen wechseln Ideen und Stoffe zwischen Produzent*innen und Konsument*innen. Das Gebäude wird als Organismus verstanden, der zirkuläre Stoff- und Nutzungskreisläufe aufweist und unterstützt.

CRCLR House, Berlin
Das CRCLR House ist ein offener, experimenteller Raum für lokale Produktionssysteme, kollaborative Arbeitsweisen und smarte Nutzungen von Ressourcen sowie zirkuläre Geschäftsmodelle. Statt Abriss wird eine langfristige Sicherung einer historischen Lagerhalle als Kultur- und Gewerbestandort sowie Aufstockung mit Wohnungen ausgeführt. Oberhalb des Bestandsgebäudes wird eine Neue, als Betontisch ausgebildete Ebene hergestellt. Auf ihr werden Maisonettewohnungen vor einem breiten Laubengang positioniert, die von Dachaufbauten für Gemeinschaftsnutzungen, einem Gewächshaus und barrierefreien Wohnungen ergänzt werden. Alle Neubauten werden als vorfabrizierte Holzbauten errichtet.

Es entsteht ein mehrschichtiges Nutzungssandwich für Produktion, Arbeiten, Events, Kultur, Wohnen und gemeinschaftliche Nutzungen. Eine neue vertikale Erschließung verbindet alle Teile des Hauses.

CRCLR House

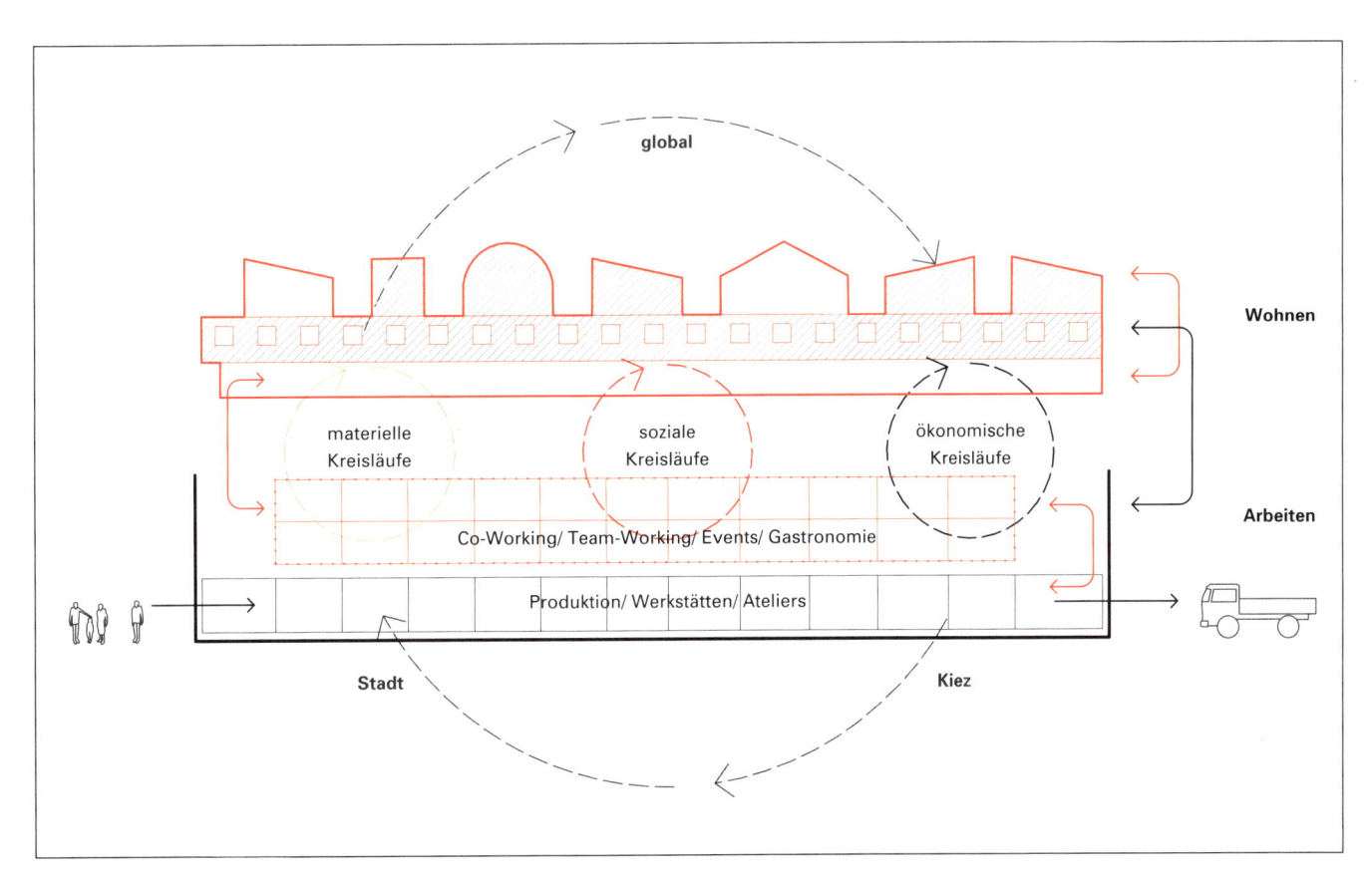

CRCLR House: Zirkuläres Konzept

Die Zukunft des Wohnens beginnt im Bestand

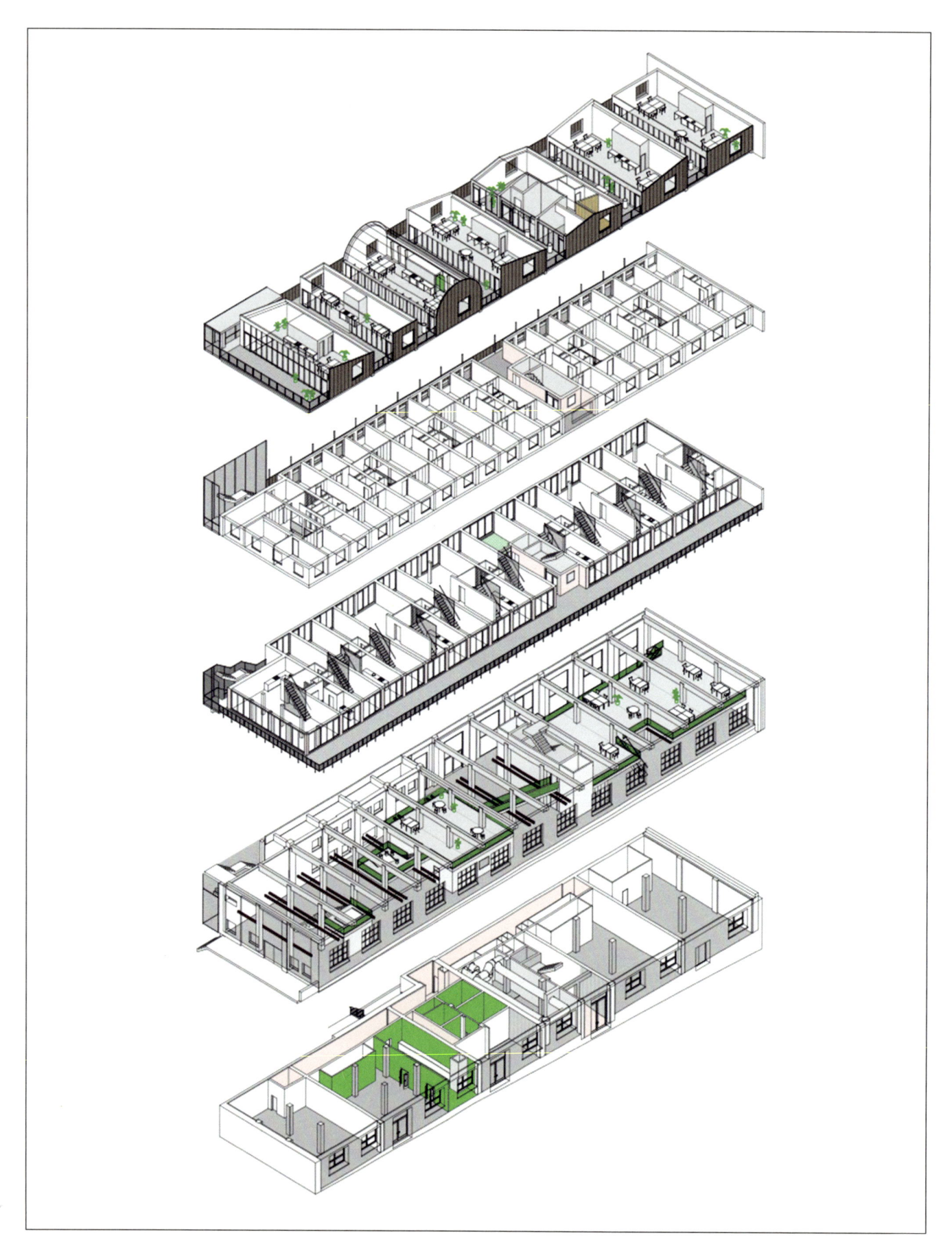

CRCLR House: Mehrschichtiges Nutzungs-Sandwich

B   Impulse   52

Der Hybrid ermöglicht auf kurzen Wegen eine Vielzahl von Nutzungskreisläufen innerhalb des Gebäudes.

Bauliches, zirkuläres Konzept
Das bauliche Konzept berücksichtigt die unterschiedlichen Aspekte des zirkulären Bauens, wie die Wiederverwendung von Baustoffen und -elementen über die Montage mit reversiblen Verbindungen für eine spätere, sortenreine Demontage als Grundlage für die Zuführung in den nächsten Lebenszyklus.

FAZIT

Gebäudebestände bieten ein Spektrum an Nutzungsmöglichkeiten, Möglichkeiten der Re-Interpretation, Re-Programmierung und des Re-Use. Sie sind Materialbanken und bereits sowohl physisch als auch metaphysisch mit der Umgebung verbunden. Sie sind auf ihre spezifische Weise inspirierend, haben spezifische Nutzungsspektren und fordern ganz spezifische Designstrategien heraus. In ihnen können vielfältige Wohnkonzepte gerade in Mischnutzungen entwickelt werden und so komplexe Beziehungsgeflechte entstehen, die interne und lokale Ressourcen verbinden.

Wir wünschen uns mehr offene Architekturen in einer offeneren Stadt, das Unvorhersehbare als Chance für Kreativität zu begreifen und durch neue Entwicklungen eine andere Zukunft zu ermöglichen.
Hierfür braucht es mutige Experimente, Pionierprojekte und Lernlabore, in denen neue Formen des Arbeitens, Wohnens und Zusammenlebens, aber auch der Finanzierung und Teilhabe an Grundbesitz erprobt werden können und die das Bestehende als Chance begreifen und nutzen.

Was haben wir mitgenommen?
Andere Formen des Zusammenarbeitens – Offenheit – Sichtbarkeit (nicht virtuell) – Inspiration und Austausch

Durch eine Windböe wurden die Flipcharts der Gruppe «Wohnen ist (Aus-)Handlung» (Vedrana Žalac und Ivo Balmer) und unserer Gruppe «Wohnen beginnt im Bestand» sprichwörtlich zusammengeweht. Aus dem symbolischen und zufälligen Ereignis entwickelten sich neue Gruppenkonstellationen und ein für alle Beteiligten bereichernder Dialog. Diskussionen wurden bis spät in die Nacht geführt, gegenseitige Inspiration führte zu hoher und konzentrierter Produktivität.

Das E-Werk mit seinen vielfältigen räumlichen Angeboten wurde für alle Beteiligten zu einem Abenteuerspielplatz der zufälligen Begegnungen. Neue prozesshafte Arbeitsmethoden wurden erprobt, die Bedingungen und Möglichkeiten des Kontexts integriert, Fragestellungen iterativ und kontinuierlich verändert und angepasst. Uns ist wieder einmal bewusst geworden, dass gemeinschaftliches Arbeiten kreative Formen generiert und benötigt und dass auch diese mehr in den Büroalltag und Formen des Zusammenlebens integriert werden müssten.

B IMPULSE

Raumzellen und Wohnlandschaften

Susanne Dürr & Gerd Kuhn

Susanne Dürr und Gerd Kuhn sind Teil des interdisziplinären Netzwerkes zur Stadtforschung und ihrer praktischen Anwendung urbi_et. In den drei unabhängigen Büros in Karlsruhe, Tübingen und Stuttgart werden unter anderem Themen des Städtebaus, der Stadtentwicklung und Stadterneuerung, der Wohnforschung und des gemeinschaftlichen Bauens bearbeitet sowie Kommunal- und Baugruppenberatung angeboten.

Der Campus der Wüstenrot Stiftung ist ein einmaliges Format, um mit engagierten Young Professionals das Thema «Zukunft Wohnen» über mehr als eine Woche hinweg frei, das heißt ergebnisoffen und vertiefend zu hinterfragen und entwickeln.
Wir – Susanne Dürr und Gerd Kuhn – wollten als Mentorin bzw. Mentor bewusst diesen ungestörten und konzentrierten Freiraum nutzen. Deshalb regten wir nur in der Anfangsphase mögliche inhaltliche Suchbewegungen an. Unserem Verständnis als Mentor*innen gemäß änderte sich die Intensität unseres Inputs: Anfangs setzten wir Impulse und Anregungen, später begleiteten wir den Prozess der Ideen- und Themenfindung und übertrugen Schritt für Schritt die Formulierung inhaltlicher Aussagen und ihre Präsentationen an die Workshop-Gruppe. In den ersten Tagen war die Gruppenbildung noch fluide. Die Campus-Teilnehmenden konnten zwischen den Gruppen switchen und sich informieren, um Themen, Positionen und Ansätze der anderen beiden Gruppen kennenzulernen. Zwischen den drei sich herausbildenden Teams wurde zum Informationsaustausch zudem ein Zwischenrundgang durchgeführt. Diese Suchbewegungen, die manchmal sehr dynamisch, zeitweise aber auch wieder stockend voranschritten, trugen einerseits zur Öffnung des Themas und andererseits zur kreativen Durchdringung bei.

Interdisziplinärer Diskurs im Atelier

Wohnutopien als Ausgangspunkt

B   Impulse

ZUKUNFT WOHNEN – OFFEN UND VERTIKAL LEBEN

Im FLUXDOME stellten wir zu Beginn des Workshops zunächst vor allen Teilnehmenden unsere Ideen für mögliche Wohnzukünfte vor. Wir gehen von der Grundannahme aus, dass die funktionale Gliederung und das horizontale Raumkontinuum der klassischen Moderne bereits heute in Frage gestellt werden muss. Nicht der weitere Bezug auf überkommene Aspekte der Moderne, nämlich die funktionale Gliederung und hierarchische Ordnung der Räume ist zielführend, sondern die Weiterführung von Entwicklungstendenzen heutigen Wohnens. In der «Zweiten Moderne» rücken Wohnexperimente mit neuen Raumkonzepten in den Fokus. Hier steht die soziale Handlung im Mittelpunkt. Wohnen wird demnach als soziale Interaktion verstanden und erfordert fließende Raumkonzepte. Die Wohnfunktionen sind teilweise räumlich entgrenzt und mäandern entsprechend der jeweiligen Lebenspraktiken. Diese Wohntendenz stellte eine erste Ausgangsüberlegung dar.

In den 1960er Jahren entstanden städtebauliche Utopien, beispielsweise durch die japanischen Metabolisten oder durch die englische Gruppe Archigram, die von neuen bautechnischen Lösungen begeistert waren und auf der Raumzelle als Basiseinheit aufbauten.
Heute stehen wir konkreten, auf technischen Entwicklungen aufbauenden Gesellschaftsutopien deutlich skeptischer gegenüber. Für die immer diverser werdende Gesellschaft müssen räumliche Angebote entwickelt werden, die pluralen Lebens- und Wohnformen entsprechen. Es findet ein grundlegendes Nachdenken über das Leben selbst mit stark urbanem Bezug statt, Möglichkeiten der sozialen Interaktion werden neu entwickelt. Dabei sind nicht mehr utopische Architektur- und Gesellschaftsentwürfe erforderlich, sondern es werden experimentelle Plattformen bedeutsam, die Ausgangspunkt für neues Wohnen und Entwerfen werden.
Ein Beispiel ist die Entwicklung des Hallenwohnens (z. B. Zollhaus in Zürich), bei dem wesentliche Elemente des Loftwohnens in den Neubau übertragen werden und sich neue Raumbildungen mit Praktiken des Selbstbaus verbinden. Obwohl erste Ergebnisse ernüchternd sind, werden die Experimente ergebnisoffen fortgeführt.
Diese Beispiele beruhen interessanterweise – wie bei den Metabolisten – auf dem Grundmodul der Raumzelle. Trotz aller dynamischen Tendenzen des Wohnwandels bleibt jedoch der Kern des Privaten, quasi als anthropologische Konstante, erhalten. Für diese Fortentwicklung der «Raumzelle» sind nicht mehr allein Maß, Größe, Dimension, technische Beschaffenheit oder Funktion relevant, sondern auch subjektive Kriterien, wie beispielsweise die Atmosphäre, die erweiterte Qualitäten umfasst: wo fühle ich mich geborgen, welche Haptik wird empfunden, welche Farbe stimuliert oder beruhigt, welcher Geruch schafft gute Gefühle oder welche Ein- und Ausblicke regen an. Wohnen wird folglich um viele wesentliche Dimensionen erweitert.

Einen möglichen weiteren Anknüpfungspunkt künftigen Wohnens könnten neue Wohnlandschaften darstellen. Diese Wohnlandschaften brechen mit dem räumlichen Kontinuum und den Grenzen der Wohnung. Sie stellen räumliche Aufweitungen dar, die einen erweiterten Wohnbegriff erfordern. Wie muss der Kern des Wohnens, das private Refugium gestaltet werden und wie können hybride Sphären als Übergangszonen zwischen den privaten und öffentlichen Lebensbereichen entstehen? Wohnen ist demzufolge zukünftig nicht mehr auf die Wohnung begrenzt, sondern diese öffnet sich zum Haus oder zum Quartier. Interessant ist zudem, dass sich das Dogma des Horizontalen mancherorts auflöst und in den neuen Wohnlandschaften fließende Räume entstehen.

VERNETZTES WOHNEN

Die funktionale Trennung von Wohnen, Arbeiten und Erholung, die die «Erste Moderne» charakterisierte, wird wieder überwunden. Die Zusammenführung der Lebenspraktiken, wie Essen, Arbeiten und Kommunikation, muss aber nicht zwangsläufig zur Verhäuslichung führen, sondern diese Praktiken können an verschiedenen Orten gelebt werden. Die Zukunft des Wohnens wird also – so die Grundannahme – ebenso in der Erweiterung der alltäglichen Sphären liegen, als auch in ihrer Retinität. Es ist erforderlich, die Veränderung pluraler Lebensweisen der Bewohner*innen eines Quartiers stärker über ihre Vernetztheit und über einen langen Zeitraum zu verfolgen. Wohnen muss folglich stabilisierend und reaktionsfähig bleiben, um auf die vielfältigen sozialen, aber auch klimatischen Herausforderungen zu reagieren und sich den Änderungen im Lebenszyklus der Bewohner*innen anpassen. Wichtig bleibt eine gerechte Teilhabe an verschiedenen, qualitativ hochwertigen Lebenswelten. Es geht um gleiche Lebenschancen.

VOM INPUT ZUM OUTPUT

Auf Grundlage der Ausgangsthesen öffnen sich die Themen in den Diskussionen der Gruppe. Unterscheiden sich die Wohnzukünfte zwischen Stadt und Land? Sind überhaupt konkrete Standorte erforderlich oder sollen diese ortsungebunden gedacht werden; erfordern Zukünfte des Wohnens statt keinem Ort (Utopia) viele Orte (Polytopie)? Im Kontext des Abtastens von Zukünften war das Aushalten von inhaltlicher Offenheit wichtig – damit stieg aber auch zeitweilig die Unsicherheit im Team. Es fanden intensive Begriffsdiskussionen statt (Luckenwalder Vademekum der Wohnzukünfte) und Debatten über die Grundsatzfragen des Wohnens und die Zielsetzung des Campus Zukunft Wohnen; erscheint eine konsequente Ideenentwicklung sinnvoll oder die Hinführung zu konkreten Entwurfsideen?

Das Strapazieren von Komplexität bis zur Ermüdung wurde abgelöst von dem Wunsch nach Machbarem; das naheliegende Verlangen nach der Konkretheit eines fassbaren Endprodukts und das Widerstehen, sich frühzeitig auf Inhalte festzulegen und den offenen Diskurs auszuhalten, führte zur Öffnung der Horizonte. Es entstand ein Nachdenken über Sprache und Begriffe, die wiederum neue Bilder erzeugten, aber auch das kreative Bemühen im interdisziplinären Diskurs eine gemeinsame Ausgangslage zu schaffen. Eine Reflexion des Wohnens in der Perspektive des Longue-Durée und die etymologische Betrachtung und Herleitung der Begriffe wurde schließlich Teil eines horizonterweiternden Zukunftsdiskurses.

Ein wichtiger Zwischenschritt waren jene Collagen, in der visualisierte Wohnutopien vergangener Zeiten zusammengefügt und diese mit den zentralen Schlagworten zukünftigen Wohnens in ein Spannungsverhältnis gesetzt wurden.

Die intensiv geführten Diskussionen eröffneten auch kontroverse Überlegungen. Es wurde eingehend diskutiert, wie die Zukünfte des Wohnens thematisch komprimiert und in einem abschließenden Rundgang präsentiert werden könnten. Ein Zwischenschritt bildete die Erstellung von sechs Collagen, die das anthropologische Kontinuum des Wohnens und zukünftige Herausforderungen thematisierten und überblendeten, wie etwa der Prozess der Klimaverantwortung, mit dem der Mensch als Teil der Natur sein Handeln leiten sollte.

Entwicklung von Collagen und Narrativen

Retinität des polytopischen Wohnens als Rauminstallation

Raumzellen und Wohnlandschaften

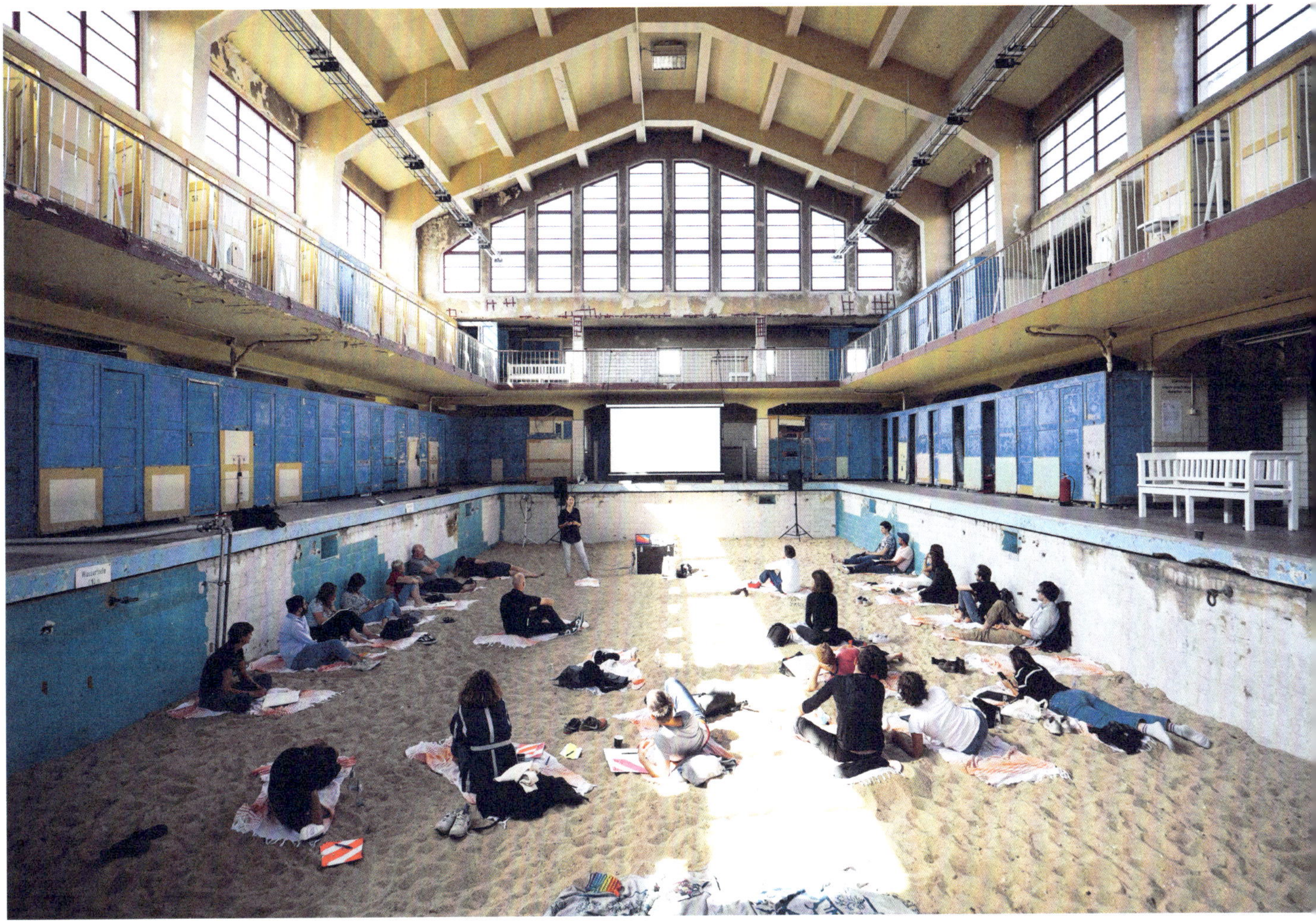

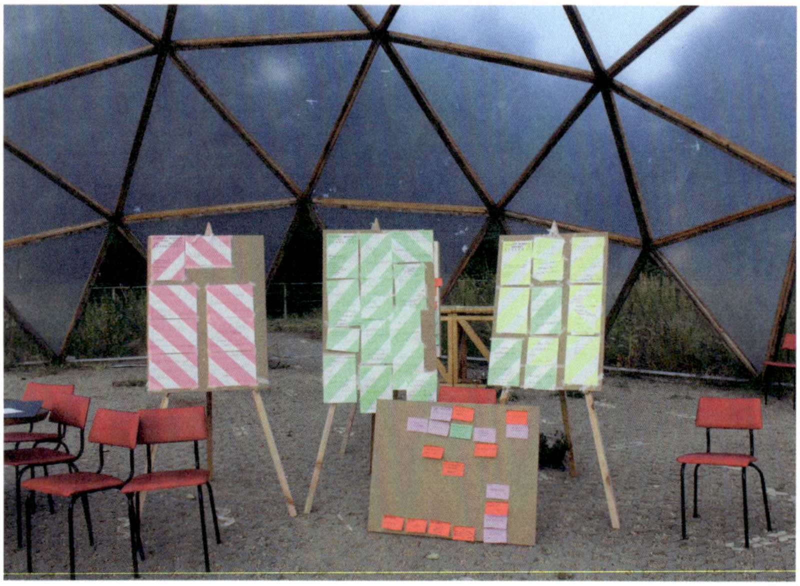

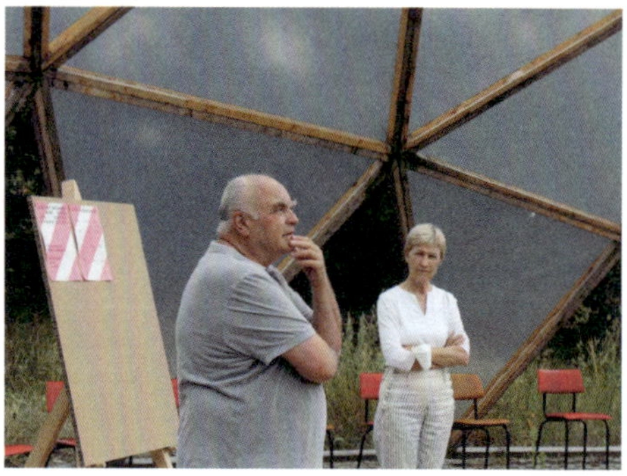

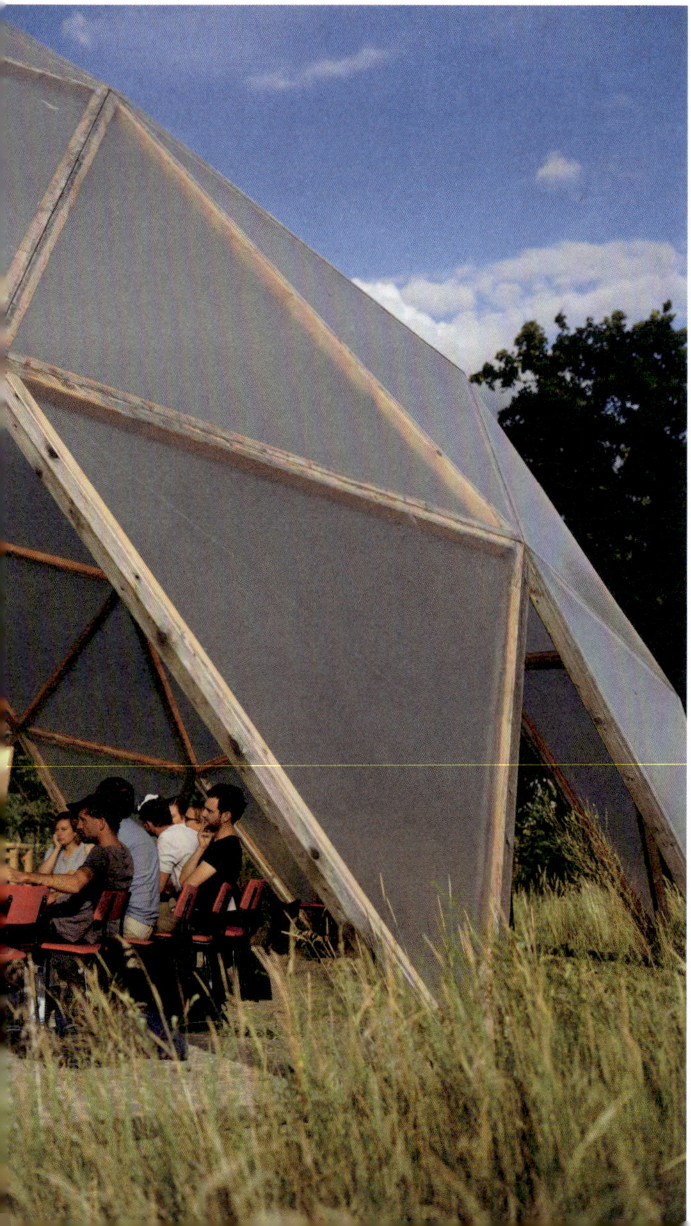

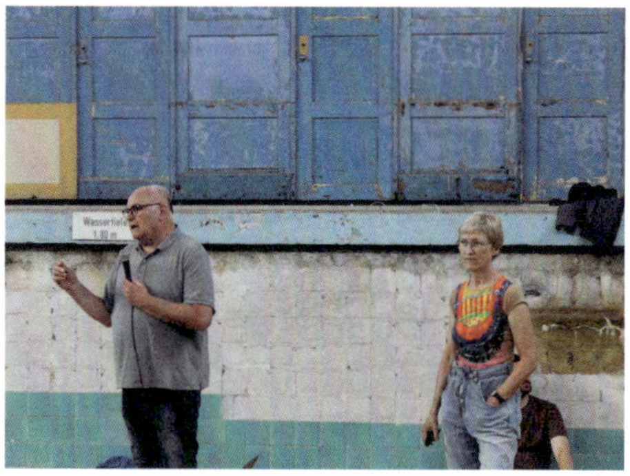

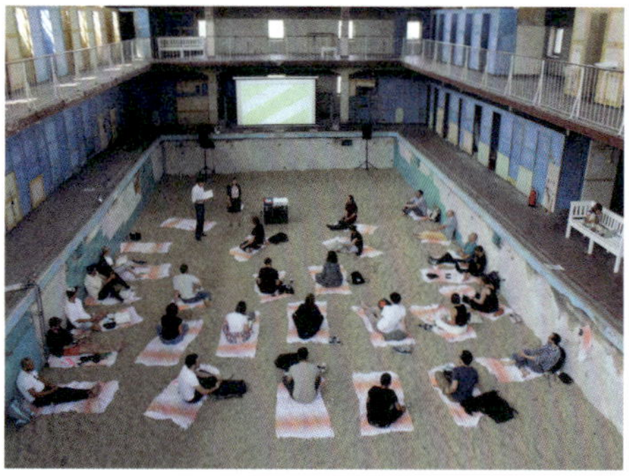

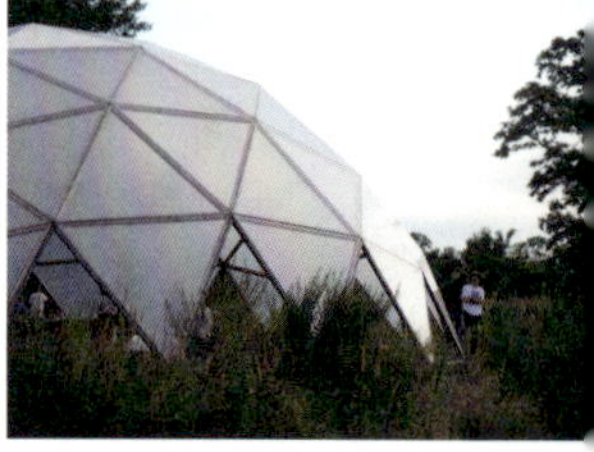

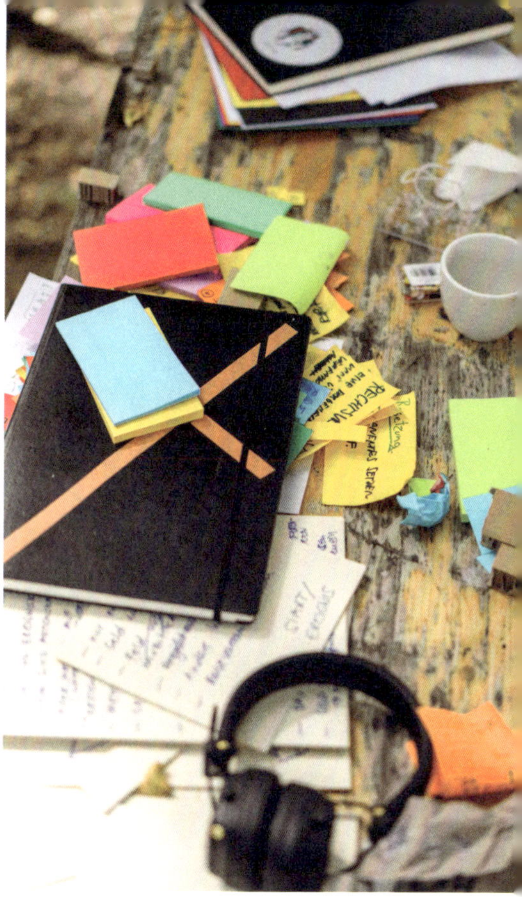

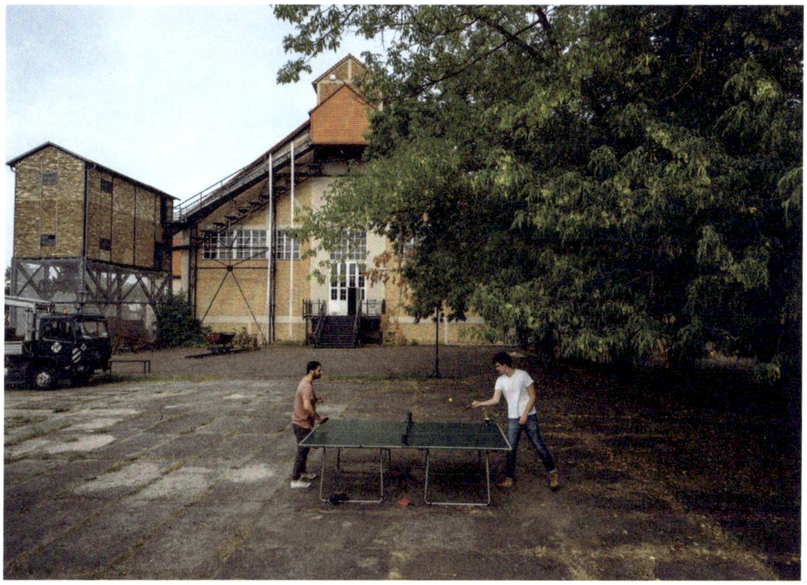

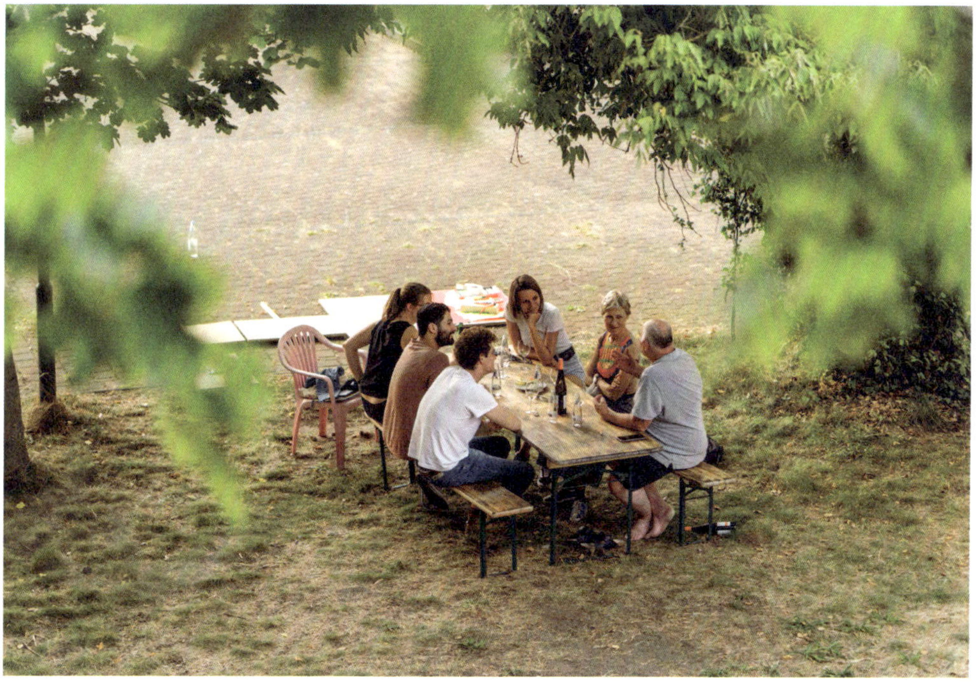

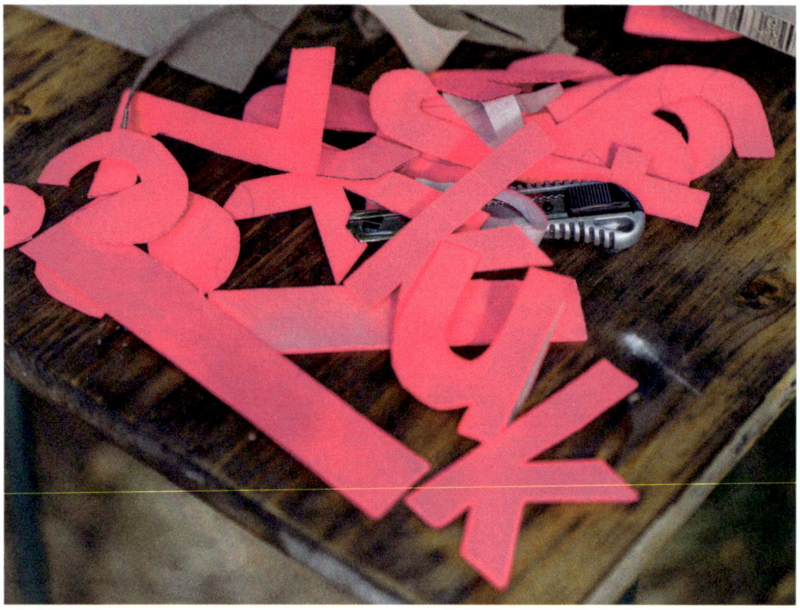

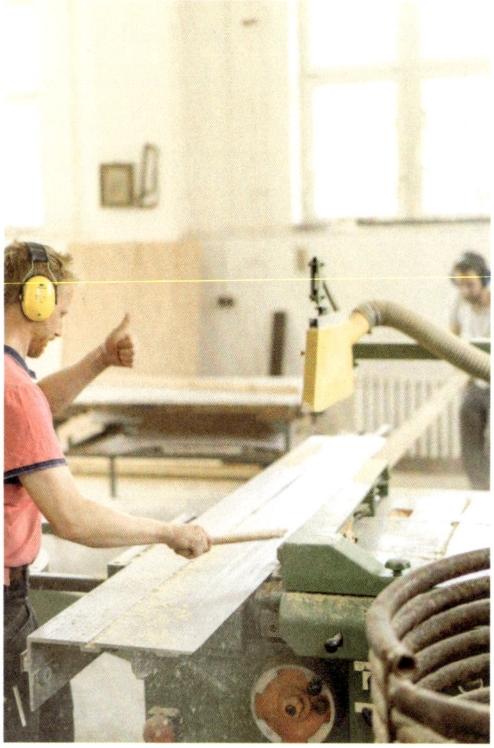

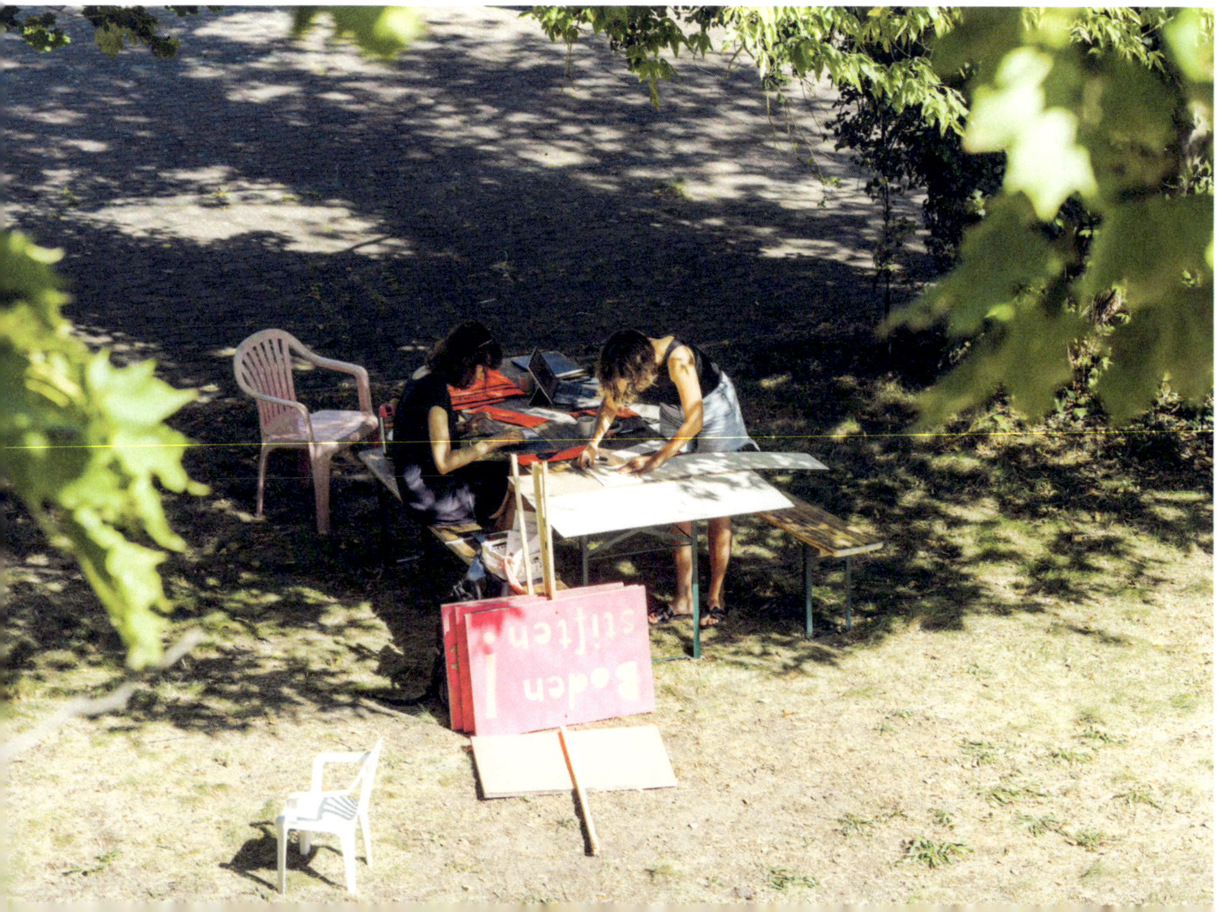
Boden
stiften.

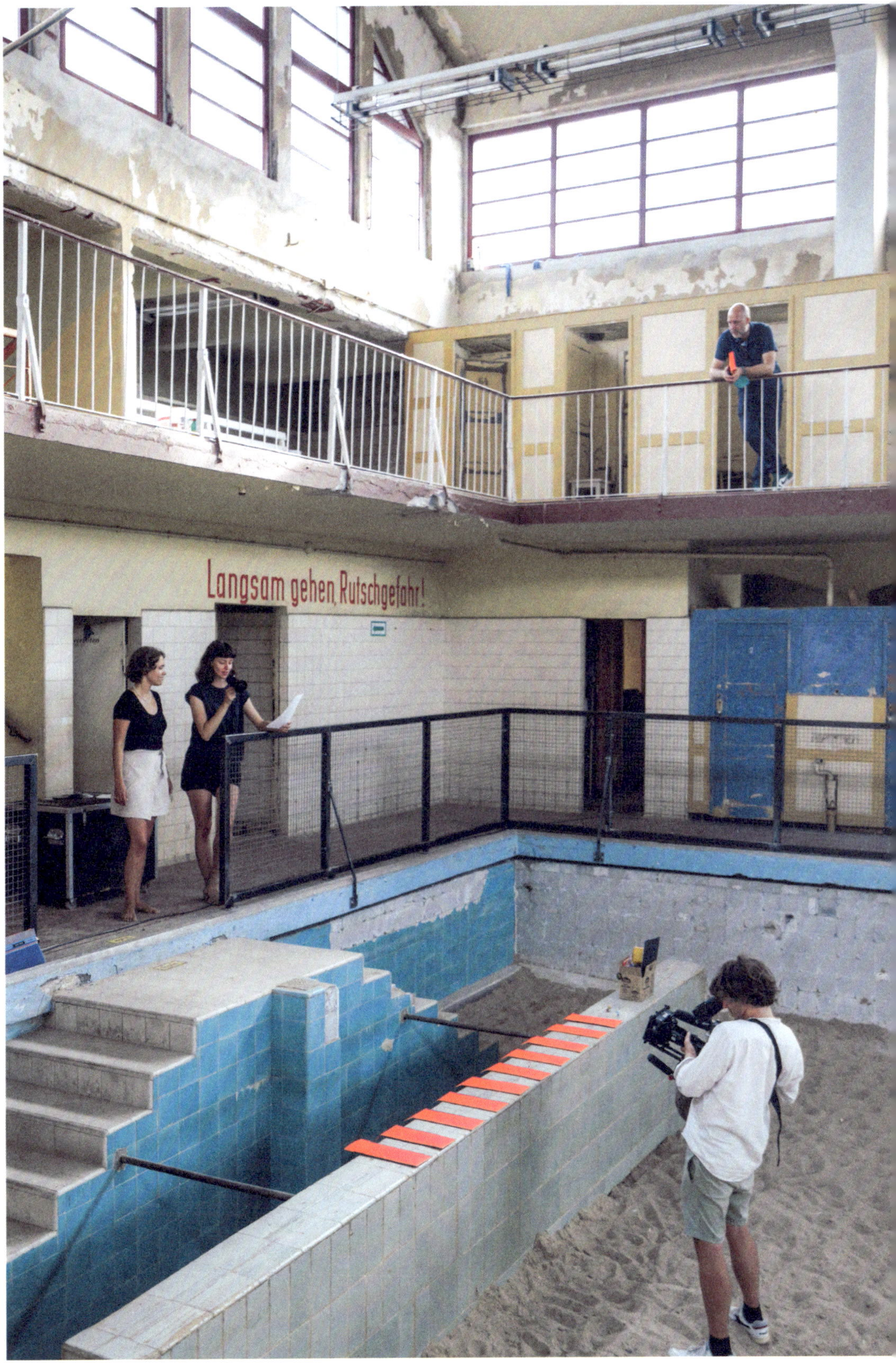
Langsam gehen, Rutschgefahr!

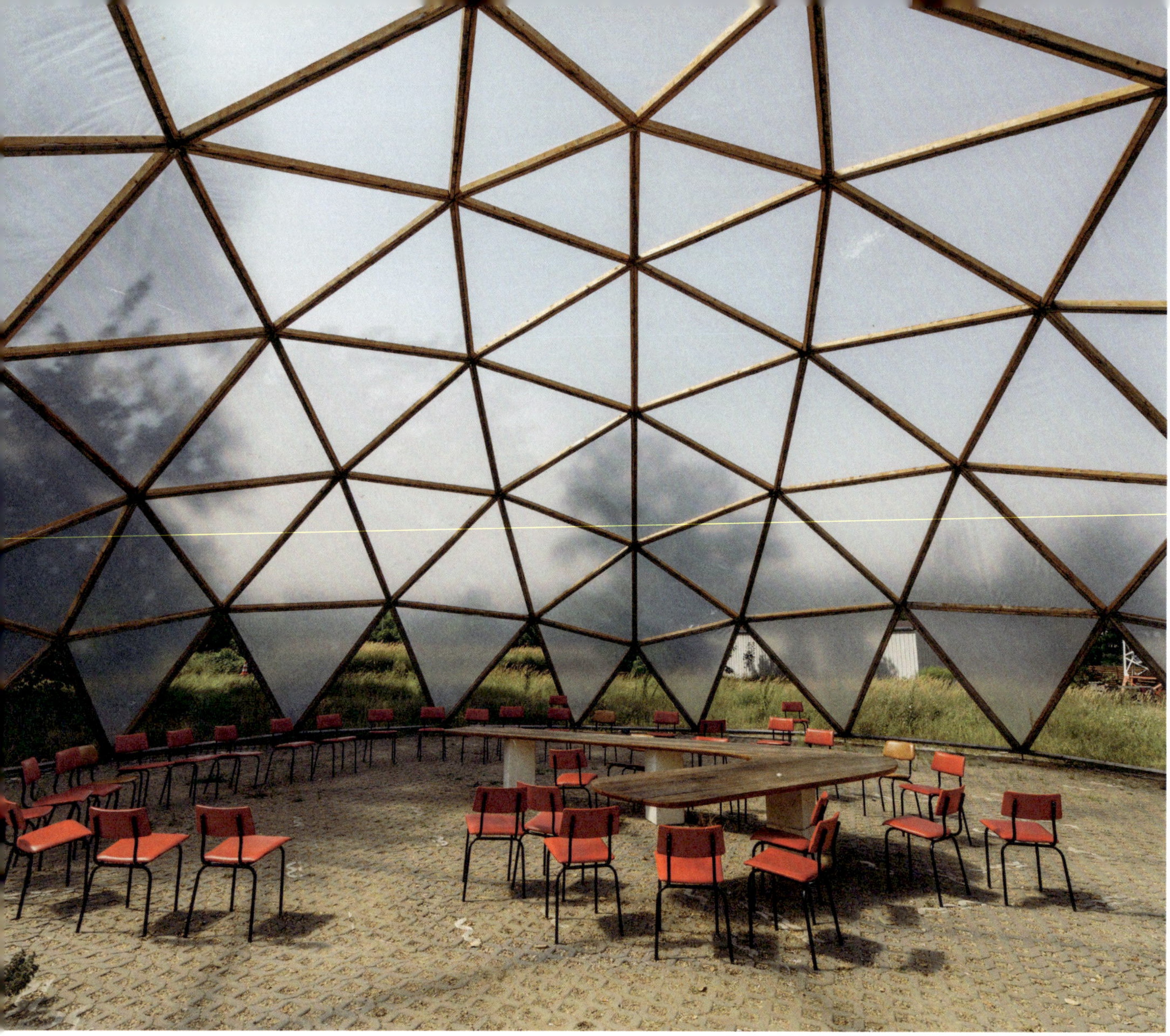

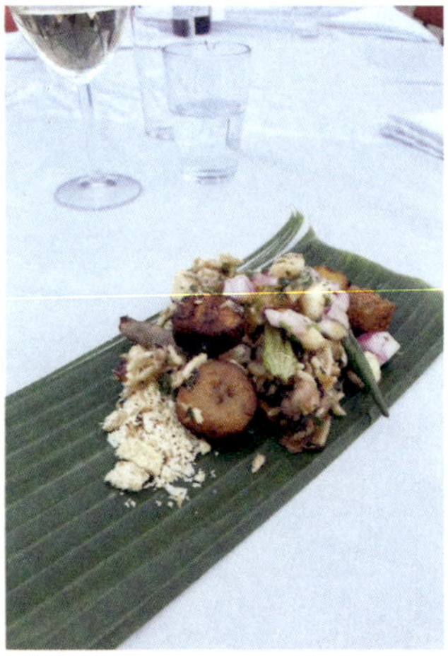

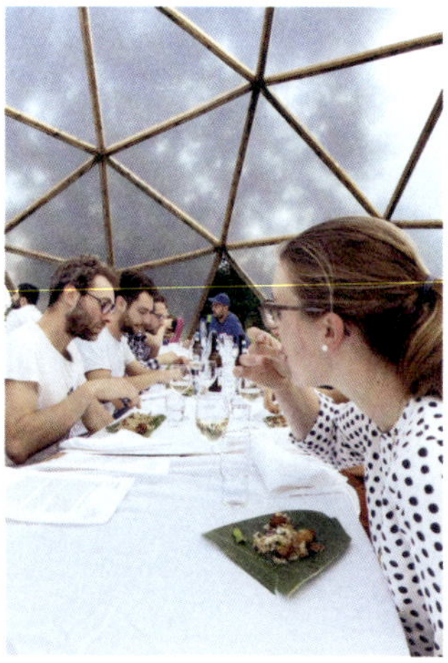

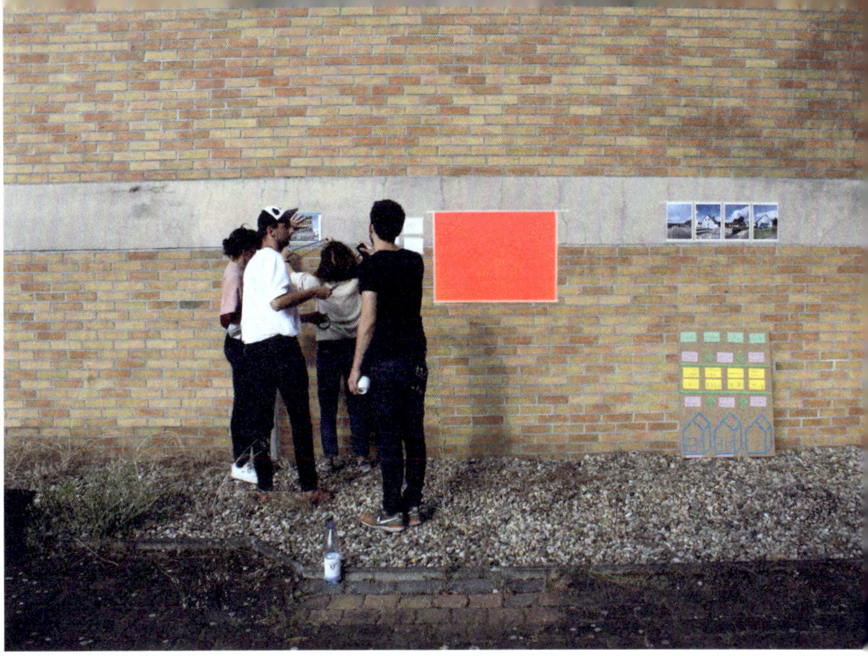
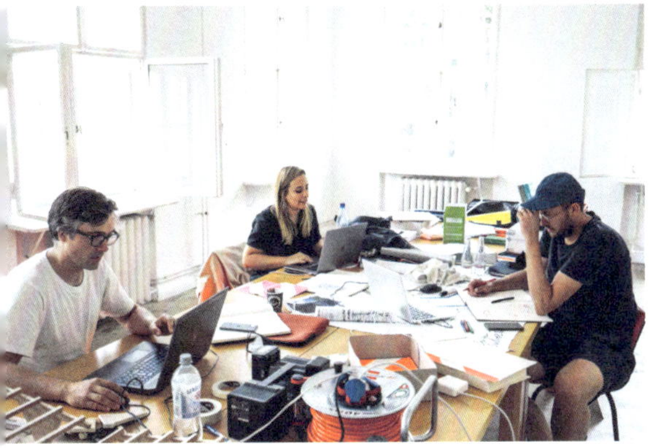
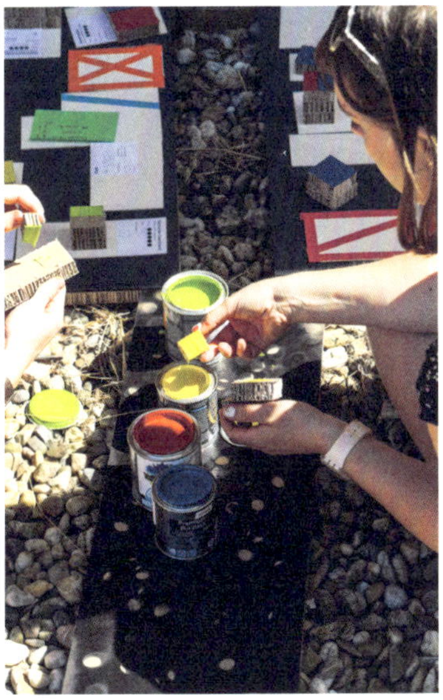
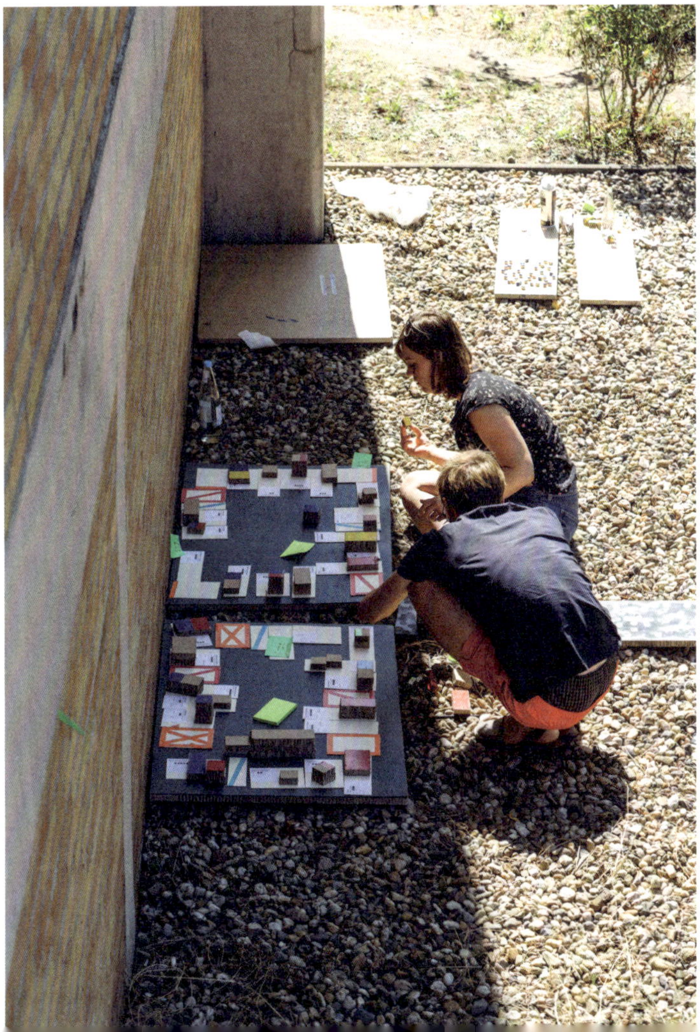

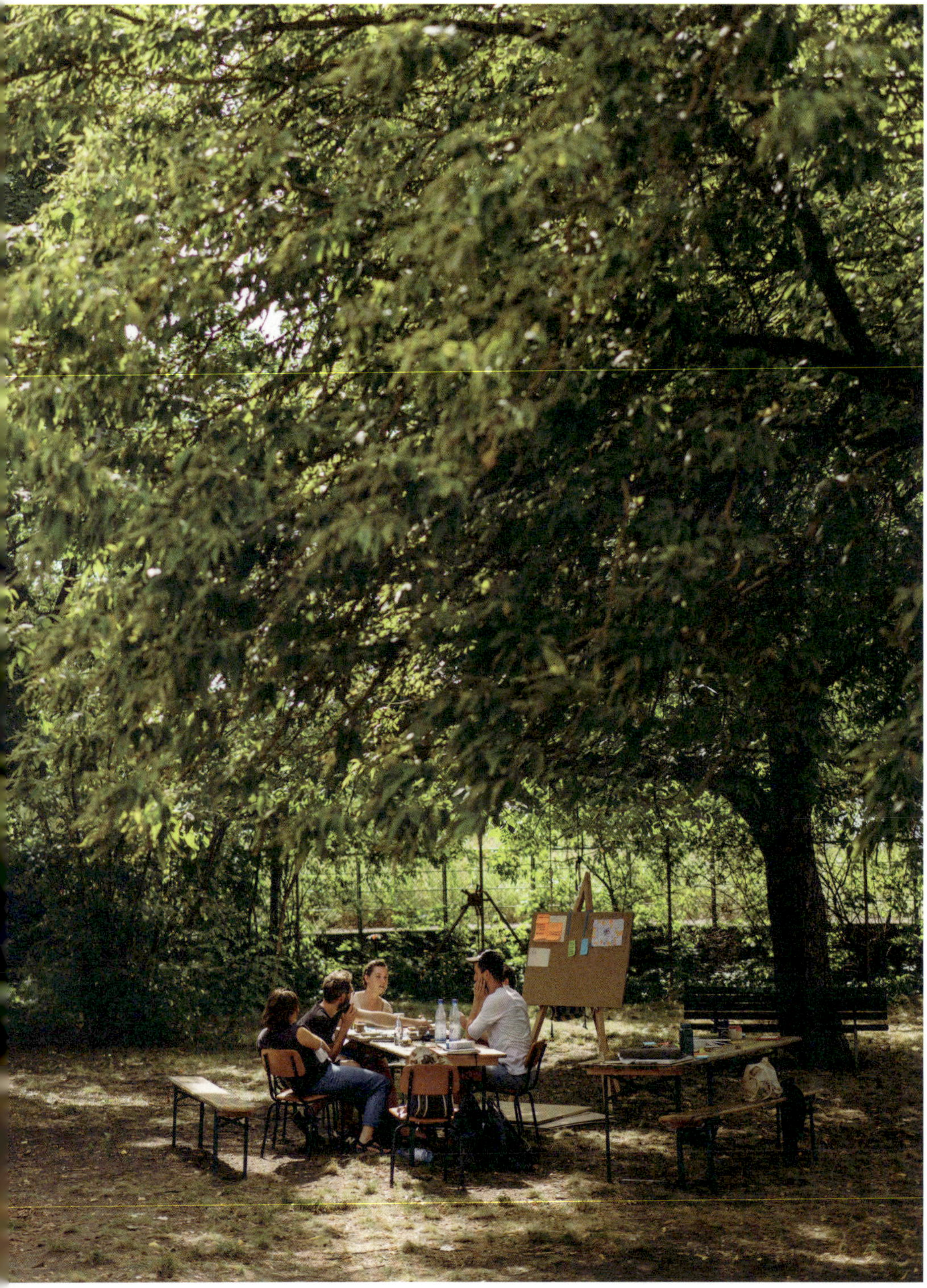

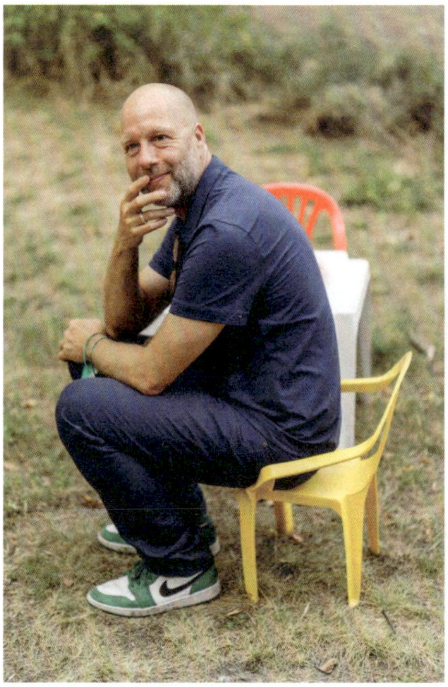

C   WOHNZUKÜNFTE

Polytopie und Assemblage	72
Wir gegen den Markt	86
Der Zaun im Kopf	98
Tischgesellschaft	114

Im Rahmen der Werkstattwoche wurden in wechselnden Konstellationen mehrere Projekte erarbeitet, die spannende Fragen zur Zukunft des Wohnens stellen. Zum Abschluss des Campus wurden die Arbeiten in Form von vier Performances vorgestellt, bei der alle Teilnehmenden und Gäste aktiv eingebunden wurden.

C WOHNZUKÜNFTE

Polytopie und Assemblage

72

> Projektbeschreibung

Das Wohnen hat sich bisher in vielen Utopien und deren Verkörperungen manifestiert. Für die Zukunft des Wohnens ist «Polytopie und Assemblage» der Versuch, über eine möglichst offene Denkstruktur einen Rahmen für die zukünftige Aushandlung des Wohnens und Zusammenlebens zu bieten. Visionen müssen über viele Orte (Polytopie) hinweg Gültigkeit besitzen und Wohnzukünfte werden durch die Assemblage verschiedener Lebenspraktiken neuer sozialer Gefüge und aktiver Prozesse entstehen. Die Installation stellt den Balanceakt zwischen den sechs zentralen Themen «Versöhnung von Mensch und Natur», «Resilientes Leben», «Gerechtigkeit», «Kultur der Divergenz», «Persönliche Entfaltung und Kooperation» und «Verlässliche Lebensgrundlage» dar.

> Link zum Projektvideo

> Team

Nanni Abraham, Ferdinand Banaditsch, Johanna Gegenbauer, Markus Kaltenbach, Ferhat Türkoğlu mit Susanne Dürr & Gerd Kuhn

Utopien zukünftigen Zusammenlebens

Nicht noch eine Utopie!

Bereits erdachte Utopien bestechen mit kraftvollen Bildern und plakativen Statements. Viele ihrer Inhalte besitzen in der Essenz auch heute noch Gültigkeit. Neue Utopien sind jedoch zum Scheitern verurteilt: vielschichtige Herausforderungen, allgemeine Komplexitätszunahme und ein holistischer Anspruch an das Wohnen überfordern sie in ihrer Monokausalität. Die Ortlosigkeit der Utopie ist ihr Tod, die Ignoranz der Vergangenheit und des Bestehenden ihr Versagen. Die Zukunft des Wohnens liegt in einer Vielzahl (polys) kontextueller, auf Orte (tópos) reagierender Lösungen. Gleichzeitig liegt sie in Strukturen von Assemblagen im Sinne dreidimensionaler Collagen sozialer Wohn- und Lebenspraktiken.

Unsere Thesen zur Zukunft des Wohnens

– Wohnen ist vom Korsett der Wohnung zu befreien
– Wohnen ist ein aktiver Prozess, der sich in verschiedenen Sphären bewegt
– Wohnen ist soziale Praxis
– Wohnen ist kontinuierliche Veränderung
– Wohnen ist Schönheit durch die Assemblage verschiedener Lebenspraktiken

| Kräftefeld Wohnen   Wohnen ist nach seiner Entgrenzung in einem komplexen Kräftefeld zu verorten. Es steht im Spannungsfeld von Akteur*innen im Sinne einer aktiven Nutzung, sozialen Raumproduktion und dem Wohnen als immanenter physischer Räumlichkeit. Auf Ebene der Akteur*innen durchdringt das Wohnen gleichermaßen die Sphären von Natur, Gesellschaften, sozialer Gruppen, bis hin zum Individuum und spannt vom Anthropozentrismus bis zum Physiozentrismus. Die physische Räumlichkeit durchdringt die Sphären des Universums, bewohnter Habitate, kollektiver Räume bis hin zum individuellen Raum. Die Zukunft des Wohnens liegt in der Balance dieses Kräfteverhältnisses und dem Gleichgewicht der genannten Sphären.

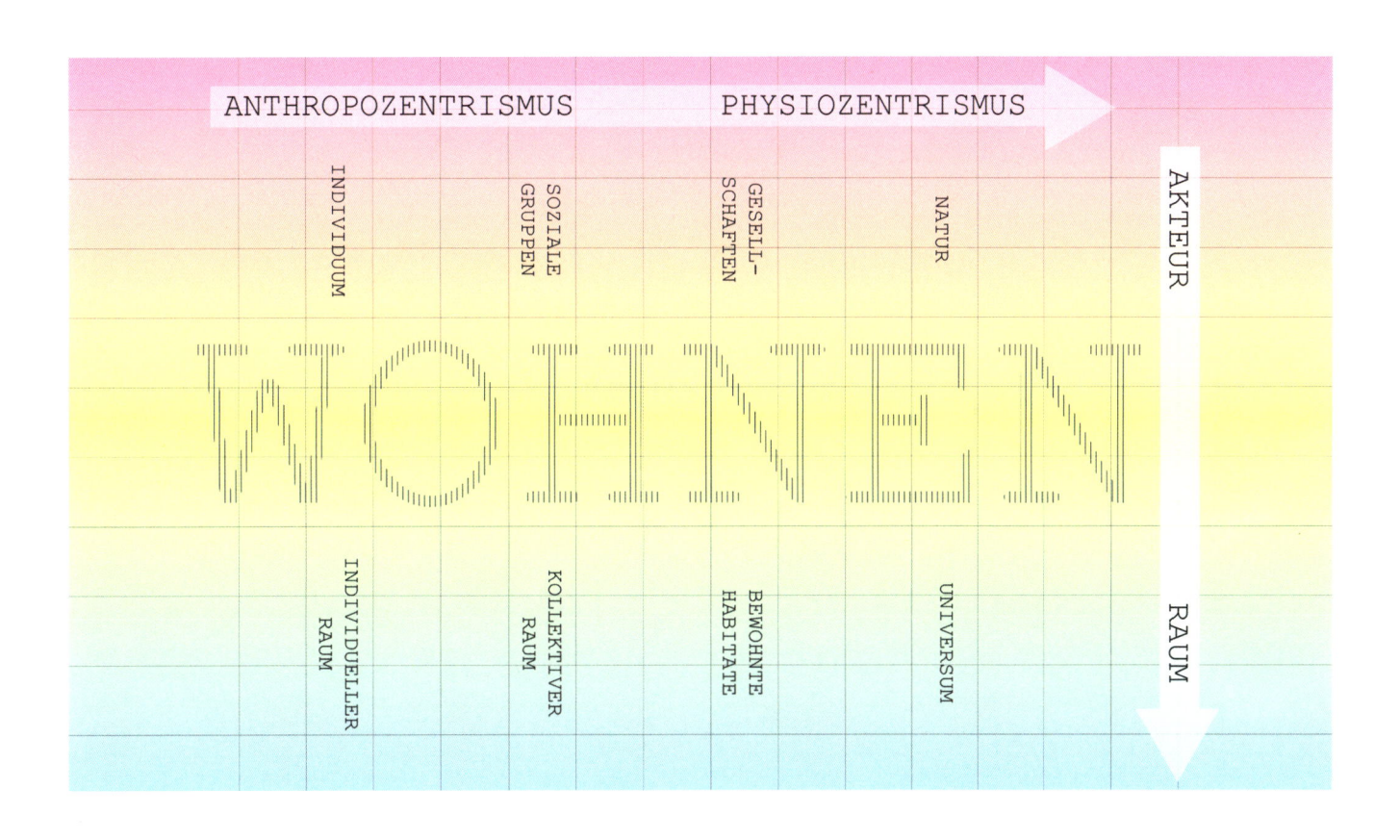

Polytopie und Assemblage

| Herleitung

«Polytopie und Assemblage» ist der Versuch, sich der Zukunft des Wohnens auf theoretischer Ebene zu nähern und eine möglichst allgemeingültige begriffliche Systematik zu formulieren.

Es ist nicht der (zum Scheitern verurteilte) Versuch, Unwägbarkeiten der Zukunft des Wohnens zu antizipieren, sondern über eine möglichst offene Denkstruktur einen Rahmen für die zukünftige Aushandlung des Wohnens und Zusammenlebens zu bieten.

Polytopie: Von keinem Ort nirgends zu vielen Orten überall! Eine Vision zukünftiger Wohn- und Lebensweisen kann nicht an einem Ort (Mono-topie) oder ortlos (U-topie) entstehen. Sie muss über viele Orte (Poly-topie) hinweg Gültigkeit besitzen.

Assemblage: Wohnzukünfte werden durch neue soziale Gefüge und aktive Prozesse entstehen. Daher entsteht die Schönheit im Wohnen durch die Assemblage (dreidimensionale Collage) verschiedener Lebenspraktiken.

Die Zukunft des Wohnens ist ein Balanceakt zwischen den sechs zentralen Themen «Versöhnung von Mensch und Natur», «Resilientes Leben», «Gerechtigkeit», «Kultur der Divergenz», «Persönliche Entfaltung und Kooperation» und «Verlässliche Lebensgrundlage».

F2

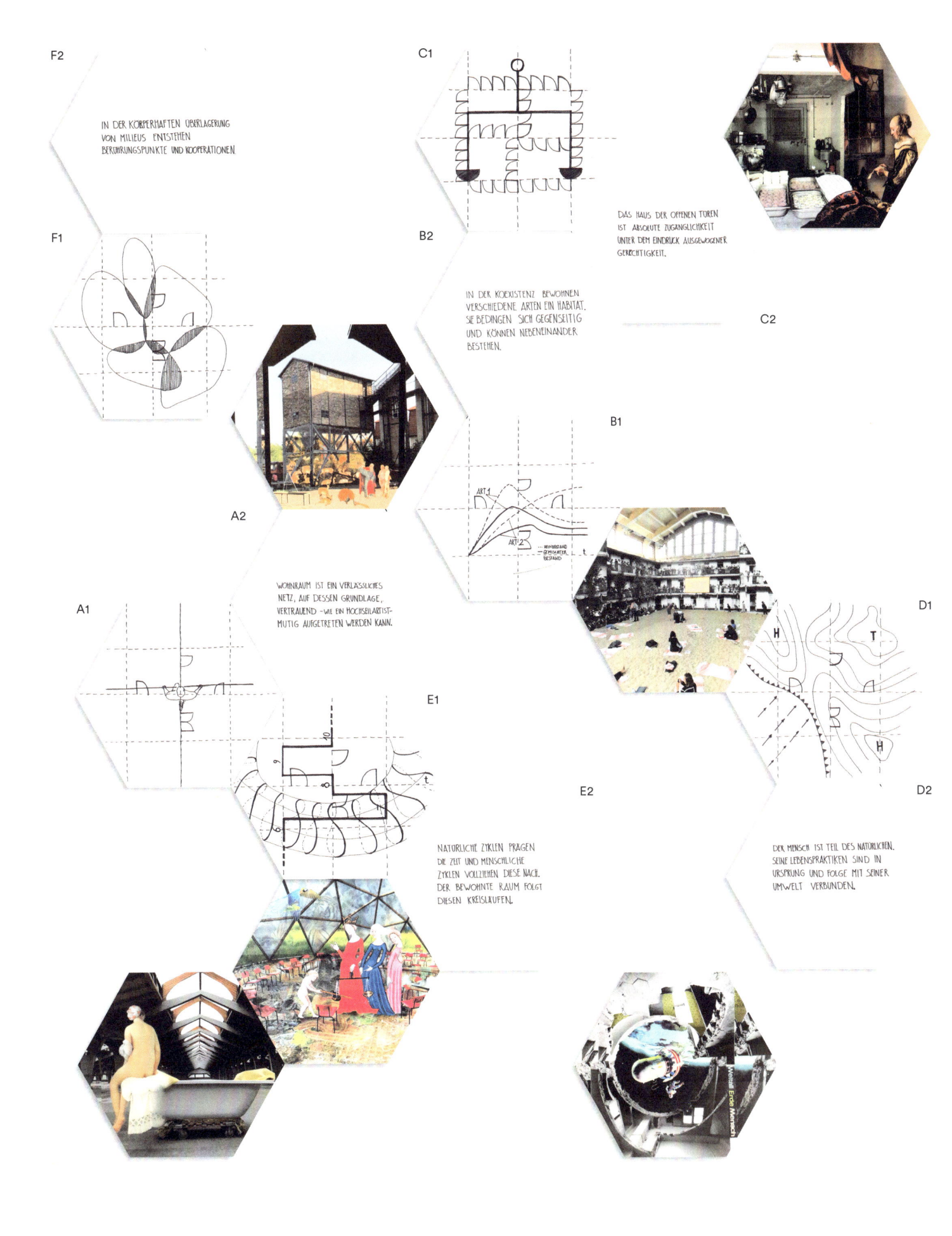

IN DER KÖRPERHAFTEN ÜBERLAGERUNG
VON MILIEUS ENTSTEHEN
BERÜHRUNGSPUNKTE UND KOOPERATIONEN.

C1

DAS HAUS DER OFFENEN TÜREN
IST ABSOLUTE ZUGÄNGLICHKEIT
UNTER DEM EINDRUCK AUSGEWOGENER
GERECHTIGKEIT.

F1

B2

IN DER KOEXISTENZ BEWOHNEN
VERSCHIEDENE ARTEN EIN HABITAT,
SIE BEDINGEN SICH GEGENSEITIG
UND KÖNNEN NEBENEINANDER
BESTEHEN.

C2

A2

B1

WOHNRAUM IST EIN VERLÄSSLICHES
NETZ, AUF DESSEN GRUNDLAGE,
VERTRAUEND -WIE EIN HOCHSEILARTIST-
MUTIG AUFGETRETEN WERDEN KANN.

A1

D1

E1

E2

D2

NATÜRLICHE ZYKLEN PRÄGEN
DIE ZEIT UND MENSCHLICHE
ZYKLEN VOLLZIEHEN DIESE NACH.
DER BEWOHNTE RAUM FOLGT
DIESEN KREISLÄUFEN.

DER MENSCH IST TEIL DES NATÜRLICHEN.
SEINE LEBENSPRAKTIKEN SIND IN
URSPRUNG UND FOLGE MIT SEINER
UMWELT VERBUNDEN.

Polytopie und Assemblage

77

C	Wohnzukünfte

| Rauminstallation | Das Grundmotiv der Rauminstallation besteht aus der Balance der sechs identifizierten Parameter des zukünftigen Wohnens. Aus den Parametern lassen sich folgende Wohnqualitäten ableiten: Naturverbundenheit, Zeithorizonte, Zugänglichkeit, Nebeneinander, Miteinander und Vertrauen. Die Parameter besitzen raumübergreifend Gültigkeit, die anhand der multiplen «Fallstricke» verdeutlicht werden. Die jeweiligen Parameter sind übersetzt in abstrakte Abbildungen, wie die grafische Überlagerung von räumlichen Dimensionen bis hin zu individuellen Raumerfahrungen.

Beim Begehen der Rauminstallation wird der Besucher zur sozialen Raumproduzent*in und beeinflusst durch Berührung die Balance der Struktur. Über multiple «Fallstricke» im Raum gerät das zukünftige Wohnen in Bewegung. Durch ein sensibles Bewegen hingegen kann das Gleichgewicht dauerhaft bestehen bleiben.

Ziel ist es, dass sich die soziale Raumproduzent*in durch achtsames Handeln im Raum bewegt. Im Inneren des Geflechtes kann auf dem Wohnsessel die assoziative Begriffssammlung des zukünftigen Wohnens gelesen werden. Sich im Raum befindende Teilaspekte und geforderte Qualitäten des zukünftigen Wohnens stehen in dynamischen Wechselbeziehungen, die sich über die Betrachtung kontinuierlich verändern. Das Wohnen der Zukunft ist ein Balanceakt zwischen den sechs Themen, «Versöhnung von

Mensch und Natur», «Resilientes Leben», «Gerechtigkeit», «Kultur der Divergenz», «Persönliche Entfaltung und Kooperation» und «Verlässliche Lebensgrundlage».

Demgemäß ist eine Balance, die sich durch sensibles Abwägen und durch kontinuierliches Aushandeln manifestiert das Ideal von Polytopie und Assemblage.

Eine Weiterentwicklung der Installation ist jederzeit möglich. Das heute besprochene kann morgen schon wieder veraltetet sein und das Gleichgewicht muss fortwährend neu ausgehandelt werden.

Polytopie und Assemblage

Das Luckenwalder Vademecum – eine assoziative Begriffssammlung der Wohnzukünfte

Assemblage   Wohnzukünfte werden durch neue soziale Gefüge und aktive Prozesse entstehen. Daher entsteht die Schönheit im Wohnen durch die Assemblage verschiedener Lebenspraktiken.

Dazwischenräume   Ein besonderes Augenmerk ist auf die Sphäre zwischen den intimen und öffentlichen Räumen zu legen. Diese Dazwischenräume generieren subtile Eigenschaften und Vorzüge. Sie sind Räume der Passage und des Verweilens. Sie sind als transitorische Zonen Kommunikationszonen und können für soziale Prozesse und als Spielräume «en passant» aktivieren.

Erweiterter Wohnbegriff   Das Wohnen beginnt erst richtig jenseits der privaten Wohnung! Die Zukunft des Wohnens wird in der Erweiterung der alltäglichen Sphären liegen. Wohnen ist also nicht auf die Wohnung begrenzt, sondern von ihr befreit. Wohnen diffundiert in die vielschichtigen Räume des Hauses und des Quartiers.

Gerechtigkeit   Für Wohnzukünfte wird die Frage der Gerechtigkeit grundlegend. Die Gerechtigkeitsfrage muss aber umfassend gestellt werden: Klimagerechtigkeit, Generationengerechtigkeit, Gerechtigkeit zwischen Süd und Nord, …

Individualisierung   Das Individuum wird zu einer Hochseiltänzerin oder zu einem Hochseiltänzer – es erblickt zwar ferne Wohnzukünfte – vermag aber auch unvermittelt abzustürzen. Individualisierung meint dabei keinen Zustand, sondern ist ein Prozess des «Vereinzelt-Werdens». Es entsteht eine Ambivalenz, die sich zwischen der Befreiung von traditionellen Gebundenheiten und den Zumutungen des In-die-Welt-geworfen-seins bewegt.

Klimagerechtigkeit   Zukünftiges Wohnen wird auf Klimaveränderungen reagieren und eine gerechte Teilhabe an verschiedenen, qualitativ hochwertigen Lebenswelten ermöglichen. Es geht auch um gleiche Lebenschancen.

Kohäsion/Koexistenz   Wohnzukünfte sind ohne den Zusammenhalt differenter sozialer Gruppen und Milieus nicht denkbar. Deshalb stehen Maßnahmen und Aktionen im Vordergrund, die die Kohäsion stärken. Beide Ebenen – Kohäsion und Koexistenz – sind zentral und begründen den Zusammenhalt.

Ligaturen   Wohnzukünfte benötigen Ligaturen, die sinnstiftende Bindungen zu kulturellen Werten und sozialen Gemeinschaften herstellen. Aufgrund der Enttraditionalisierung vieler Lebenszusammenhänge werden neue Einbettungen durch freiwillige Assoziationen entstehen.

Miteinander   Künftige Gesellschaften beruhen auf Zusammenarbeit. Die Vielheit der Einzelnen sucht Kooperation, Austausch und teilt. Bestimmend bleibt das Prinzip der Freiwilligkeit.

Migration   Enorme Migrationsbewegungen werden die Wohnzukünfte dramatisch prägen. Nationale, religiöse oder politische Grenzen werden diffus. Klimaveränderungen und Krisen (Pandemien, ökonomische Krisen) wirken dynamisierend.

Nebeneinander   Nebeneinander wird zukünftig nicht mehr mit dem Gedanken der Nivellierung und Einebnung von ethnischen und sozialen Unterschieden verbunden werden. Es wird verstanden werden als die Herstellung einer Balance von Integration und Diversität, mit geteilter Gemeinsamkeit und individueller Vielfalt.

Gemeinsamkeit ohne Gemeinschaft   Kultur muss die Möglichkeit der Individuation bieten. Das aber heißt: Der «Fortschritt» liegt in dem Trennenden, nicht in dem Verbindenden, so Ulrich Beck. Genauer gesagt: in einer Art Gemeinsamkeit ohne Gemeinschaft, also in der Heterogenität von Gemeinschaften (im Plural). Fluchtpunkt dieser vielfältigen Gemeinschaften ist Polytopia.

Offene Räume   Wohnzukünfte erfordern – da keine linearen Biographien mehr möglich sind – offene Räume. Diese müssen partizipative Prozesse und soziale Aneignungen zulassen. Wichtig ist deren Mehrfachcodierung und Neuprogrammierung.

Polytopie   Von keinem Ort nirgends zu vielen Orten überall! Die utopischen Potenziale befinden sich nicht an einem Ort (Mono-topie) oder ein keinem Ort (U-topie), sondern an vielen Orten (Poly-topie).

Postapokalyptische Paradiese   Alles steht immer kurz vor dem Zusammenbruch. Das lineare Zeitalter ist überwunden. Szenarien skizzieren apokalyptische Zeiten. Setzen Wohnutopien diese ebenso wie ihre Überwindung voraus? Stellt sich dann eine kurze Phase des postapokalyptischen Paradieses ein?

Retinität   Die Zukunft des Wohnens wird in ihrer Vernetztheit liegen. Es ist erforderlich, die Veränderungen pluraler Lebensweisen der Bewohner*innen im gesellschaftlichen Nahbereich zu stärken. Die Perspektiven liegen in langen Zeiträumen.

Utopie   Kein Ort, nirgends.

Zukünfte

C Wohnzukünfte 84

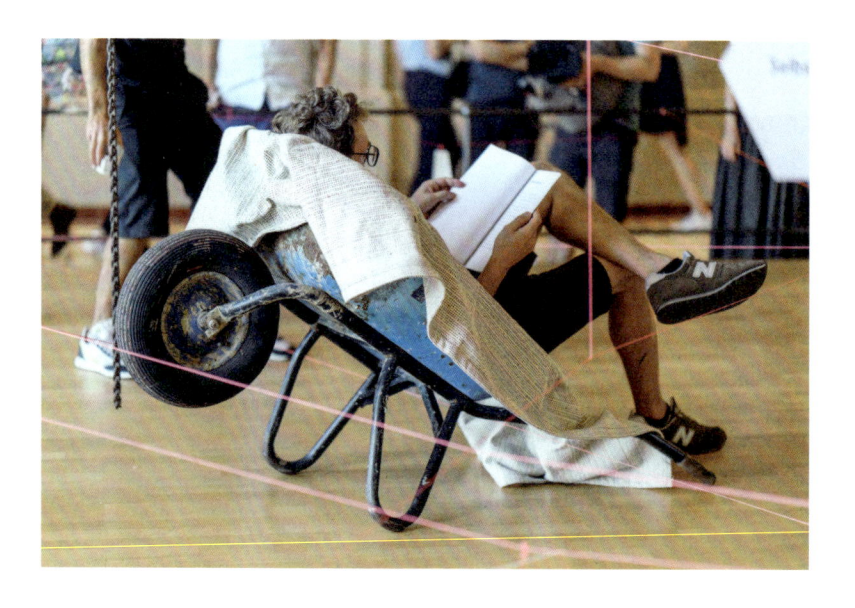

Polytopie und Assemblage

85

C WOHNZUKÜNFTE
Wir gegen den Markt

| Projektbeschreibung «Wir gegen den Markt» ist ein Brettspiel, bei dem die Spielenden der Realität des Immobilienmarktes mit den Werkzeugen gemeinwohlorientierter Stadtentwicklungspolitik entgegentreten. Die Spielenden versuchen kooperativ Grundstück für Grundstück eines Häuserblocks dem Markt zu entziehen und diverse Nutzungen zu aktivieren. Durch die Aktivierung der Grundstücke werden die Nutzungen für das Gemeinwohl zugänglich. Das Ziel des Spiels ist es eine gleichmäßige Verteilung von Räumen für Reproduktions- und Lohnarbeit, für politische und kulturelle Arbeit zu etablieren. Dabei werden die Spielenden fortlaufend mit den Dynamiken des Marktes konfrontiert und müssen sich gegen unvorhersehbare gesellschaftliche Ereignisse durchsetzen. Die Spielenden lernen planerische, aktivistische und rechtliche Werkzeuge kennen, die ihnen bei der Entwicklung des Blocks helfen.

Link zum Projektvideo

Team Laurenz Blaser, Aron Bohmann, Jan Dubský, Julia Felker, Lisa Marie Zander mit Ivo Balmer & Vedrana Žalac, Nanni Grau & Frank Schönert

Zukunft Wohnen: «bezahlbar, gerecht, gemeinschaftlich, antispekulativ» bei Stadtforscher*innen, «aneignungsfähig, adaptierbar, flexibel und nachhaltig gebaut» bei den Architekt*innen. Aber reichen diese Begriffe aus, um eine Vision für eine der zentralen gesellschaftlichen Fragen zu erzeugen? Wie wollen wir eigentlich wohnen?

Die Geschichte der modernen Gesellschaft ist eine Geschichte der Ausbeutung natürlicher und menschlicher «Ressourcen», die uns heute vor eine Reihe von Unsicherheiten und Herausforderungen stellt. Wir sehen uns konfrontiert mit prekären Arbeitsverhältnissen im Niedriglohn- und Sorgearbeitssektor, die unumkehrbare Zerstörung natürlicher Lebensgrundlagen, steigende Zahlen psychischer Störungen und Stressbelastungen, gesellschaftliche Fragmentierung, zunehmende politische wie gesellschaftliche Spaltungen, Politikverdrossenheit – eine nicht enden wollende Liste von Problemen, die sich räumlich manifestieren oder auswirken bis in unsere Wohnräume.

Die Gesellschaft produziert und reproduziert sich täglich in einem komplexen Zusammenspiel voneinander abhängiger Faktoren, die wir als Stellschrauben der Veränderung verstehen können und die mit unserem Wohnraum verwoben sind. Wohnen ist abhängig von rechtlichen Rahmenbedingungen, Besitzverhältnissen, Zugang zu Ressourcen, Finanzierungsmodellen und der Kraft der Idee. Im Zusammenspiel von Akteur*innen, Trägerschaften, baulichen Merkmalen, Nutzungen und Organisationsformen wird es zunehmend schwierig, ein prototypisches Wohnideal zu entwickeln.

Stattdessen versuchen wir, Interdependenzen von Raum und Gesellschaft sichtbar zu machen und darzustellen, wie der zukünftige Wandel der Architektur als Teil eines größeren systemischen Wandels, als Teil einer grundlegenden Umwälzung gesellschaftlichen Zusammenlebens funktionieren kann.

Wenn wir Nachhaltigkeit in ihren Facetten als Grundlage unseres Zusammenlebens ernst meinen, müssen wir unseren Alltag grundlegend umstrukturieren, müssen wir uns Zeit nehmen können für eine suffiziente Lebensweise. Einen Ansatz für einen Alltag, der das ermöglicht, kommt von Frigga Haug und ihrer «Vier-in-Einem-Perspektive». Die feministische Soziologin und Psychologin behauptet, dass in unserem Verständnis und der Anerkennung von Arbeit ein Schlüssel liegen kann, die Gesellschaft anders zu organisieren. Haug identifiziert vier zentrale Tätigkeiten, die unseren Alltag bestimmen:

1. Die Erwerbsarbeit als einkommensgenerierende Lohnarbeit.
2. Die Sorge- und Reproduktionsarbeit für sich und andere, also Arbeit innerhalb des Hauses und der Familie aber auch emotionale Arbeit, Pflege und Betreuung von Kindern, alten oder hilfsbedürftigen Menschen.
3. Kulturelle Arbeit bzw. die eigene Entwicklung, gestalterische, kreative, genießerische, konsumierende, sportliche Tätigkeiten.
4. Und Politische Arbeit, mit allen gesellschaftlich-organisatorischen, ehrenamtlichen Tätigkeiten und Formen des Engagements.

Im Zusammenhang mit Post-Wachstumsforderungen, Digitalisierung, Produktivitätssteigerungen und damit einhergehenden Erwerbslosigkeiten schlägt Haug einen idealtypischen Tag von 16 Stunden mit ausgeglichenen Anteilen von vier Stunden für jede Tätigkeit vor. Diese radikale Verschiebung von Prioritäten und Aufgabenverteilungen hätte weitreichende Konsequenzen für die Art und Weise, wie wir uns organisieren, wofür wir Zeit haben und wofür es Platz braucht. Obwohl als rein sozialkritischer Ansatz formuliert, stellt sich uns unmittelbar die Frage: Wie müssen wir Raumgestaltung, öffentlich und privat neu denken? Was würde eine solche Arbeitsdiversifizierung für Wohnbedarfe, Sport- und Grünflächen, Kitas und Altenheime, Küchen und Büros bedeuten?

C	Wohnzukünfte	92

Wir gegen den Markt

RECHTS-
FORM   RESSOURCEN

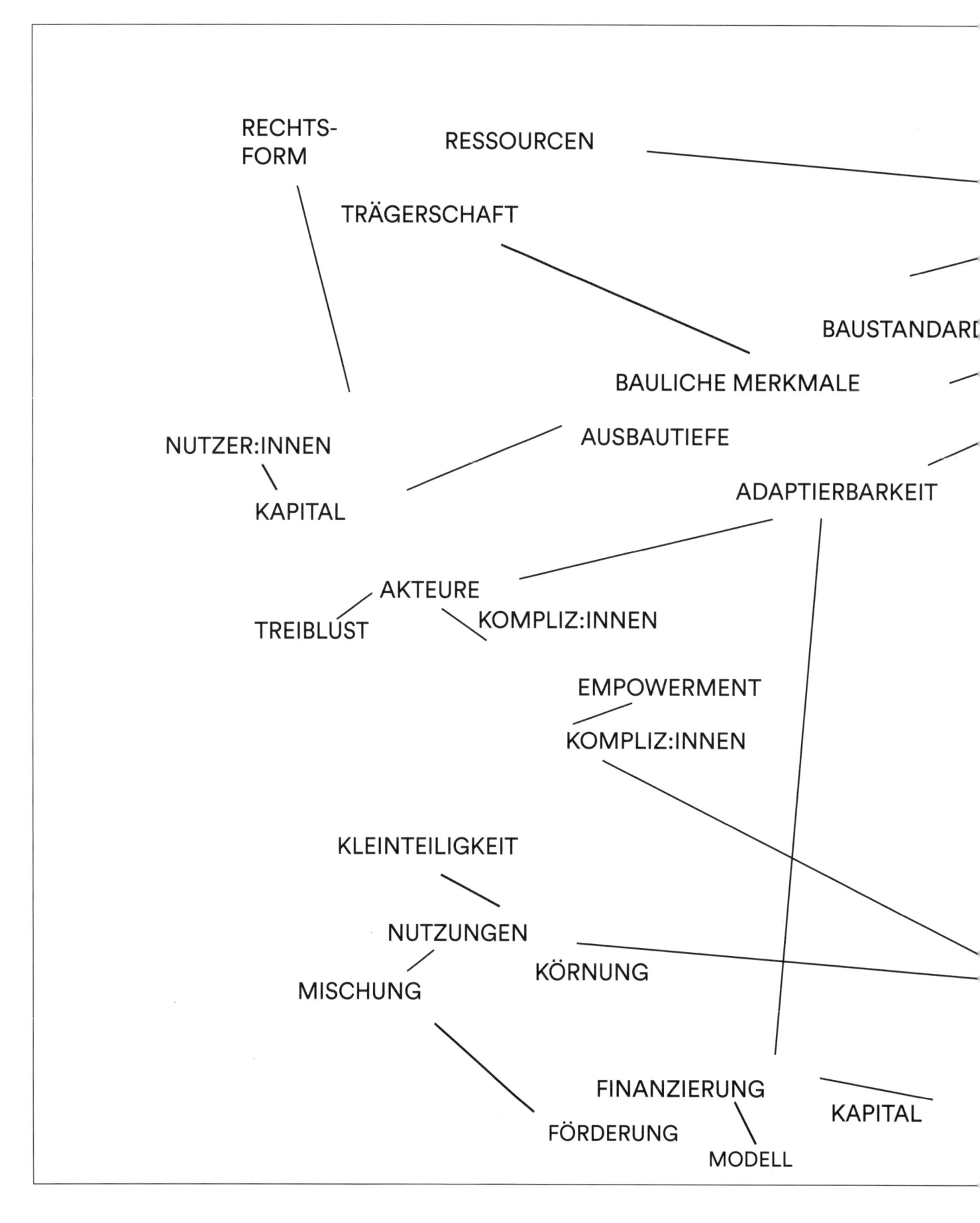

      TRÄGERSCHAFT

                              BAUSTANDARD

            BAULICHE MERKMALE

            AUSBAUTIEFE

NUTZER:INNEN   ADAPTIERBARKEIT

      KAPITAL

         AKTEURE
TREIBLUST   KOMPLIZ:INNEN

            EMPOWERMENT
            KOMPLIZ:INNEN

      KLEINTEILIGKEIT

         NUTZUNGEN
              KÖRNUNG
      MISCHUNG

                  FINANZIERUNG
            FÖRDERUNG   KAPITAL
                        MODELL

BESTAND AUSHANDELN

PRIVAT

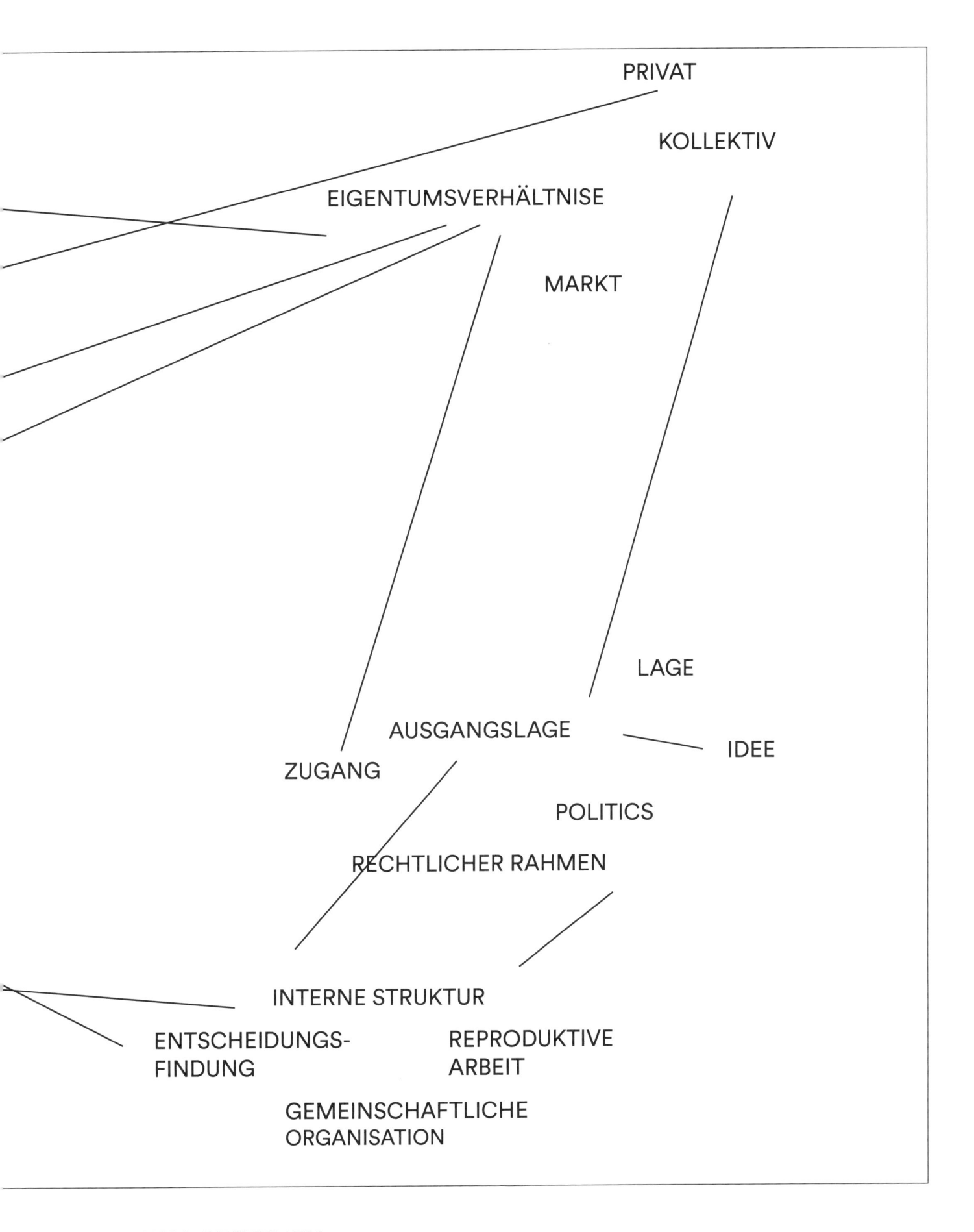

KOLLEKTIV

EIGENTUMSVERHÄLTNISE

MARKT

LAGE

AUSGANGSLAGE

IDEE

ZUGANG

POLITICS

RECHTLICHER RAHMEN

INTERNE STRUKTUR

ENTSCHEIDUNGS-　　REPRODUKTIVE
FINDUNG　　　　　ARBEIT

GEMEINSCHAFTLICHE
ORGANISATION

AUSHANDLUNG BESTEHEN

Wie Zukünfte aus einer solchen Perspektive aussehen könnten, untersuchen wir gemeinsam mit den Arbeiten der Gruppen «Der Zaun im Kopf» und «Tischgesellschaft e. V.» mit einem Blick auf drei omnipräsente Siedlungsbautypologien, die unsere Wohnlandschaft in Deutschland heute prägen: die durchmischte, perforierte Blockrandbebauung, die Einfamilienhaussiedlung und die Plattenbausiedlung. Aus ganz unterschiedlichen Richtungen und mit experimentellen Ansätzen nähern wir uns diesen drei Wohnformen exemplarisch in Luckenwalde an. Bei der Bearbeitung wird greifbar, wo die Charakteristik der jeweiligen Typen bereits räumliche Stärken aufweist, um die Zukunft des Wohnens zu beherbergen – und wo wir die Stellschrauben teilweise radikal anpassen müssen.

C   Wohnzukünfte

Wir gegen den Markt

C WOHNZUKÜNFTE

Der Zaun im Kopf

98

| Projektbeschreibung | Viele Menschen in Deutschland leben bereits in einem. Und noch mehr haben den Wunsch in einem zu leben. Doch kann die Zukunft des Wohnens das Einfamilienhaus sein? Die interaktive Performance Der «Zaun im Kopf» berichtet aus dem Jahr 2050 und wirft die Frage auf, was passieren würde, wenn es keine Zäune mehr bräuchte, weil sich eine ganze Siedlung entscheidet, ihren Besitz in einer gemeinwohlorientierten Stiftung zusammenzuführen. Es geht um das Erfahrbarmachen einer der möglichen Zukünfte, bei der die Zuschauer*innen zu Darsteller*innen werden, die die Zukunft in den eigenen Händen haben. Und was passiert, wenn die Menschen diese neue Zukunft erleben? Wie würden sie dann wohl leben wollen?

| Link zum Projektvideo |

| Team | Nelli Fritzler, Leo Higi, Anna Holzinger mit Ivo Balmer & Vedrana Žalac, Nanni Grau & Frank Schönert

C		Wohnzukünfte		100

ORGA

Position Protestaufruf Galerieebene (10 34 59 53)
Umschläge an Häuser befestigen
Protestschilder deponieren

	Julia	Frank	
	Vedrana	Aron	

DARSTELLER

Nelli	Reporterin
Anna	Regie
Leo	Mann für Alles
LisaG	filmt die Performance
Marius	filmt die Performance

UMSCHLÄGE

Häuser	Vorstellung 4
NanniG	verteilt die 4 in 1 Ketten
Ivo	liest Manifest
Laurenz	liest Gesetz
LeonardS	Flugblätter
LisaG	Flugblätter
Verena	Flugblätter
Markus	Flugblätter
Aron	Umzug

BECKEN 1

    Aron   alter Opa, zieht bei Frank ein. Sein Haus wird Haus der Nachbarschaft.
    Julia   mit Familie neu zugezogen
    Frank   Junger Vater, viel Reproduktionsaufgaben. Fragt Aron ob er einziehen will.
    Vedrana Kinder sind ausgezogen, geht bald in Rente

BECKEN 2

    JanD   Julias Familie
    Rene   Julias Familie
    Ferhat   Franks Kind
    Johannes Rente mit Vedrana

BECKEN 3

    Marius   Haus der Nachbarschaft
    Susanne Haus der Nachbarschaft
    LisaZ   zieht in WG ein bei Vedrana und Johannes
    NanniG   Zwischenbau zwischen Julia und Frank

BECKEN 4

Nachbarschaftsfest: Ivo, Laurenz, LeonardS, LisaG, Verena, Markus, Ferdinand, Johanna, Gerd, Nathalia, Denise, Anja, JannS

----

00 FETT ALL CAPS NARRATIVE REPORTER / REGIE
kursiv Handlung
** muss gedruckt werden, liegt in Umschlagen bereit

Alle begeben sich in das Becken.

          01 REGIE
Haaaalt, haalt, halt. So geht das erstmal garnicht. Hier ist überhaupt kein Platz für Euch alle. Das hier ist A L L E S privat, und das war schon immer so.

C   Wohnzukünfte

Der Zaun im Kopf

Zuallererst mal. LISA und MARIUS. Zückt eure Handys und filmt die ganze Sache hier. Was um Euch rum so los ist. Es geht um eure eigene Perspektive, also einfach nur draufhalten, okay.

Und jetzt erklär ich euch das ganze nochmal. Es gibt Häuser. Und Grundstücke. Und ihr musste jetzt ALLE sofort raus aus dem Becken. Achja und eine Sache noch. Am Eingang liegen ein paar Umschlage für IVO, NANNI GRAU, LEONARDS, MARKUS, VERENA und LAURENZ. Nehmt euch die Umschläge und noch nicht öffnen. Ich erzähl euch dann später was es damit auf sich hat.

Ah, und übrigens. ARON JULIA FRANK und VEDRANA ihr bleibt im Becken. Euch gehört nämlich all das hier. Also jedem das eigene Haus, der eigene Garten, der eigene Zaun, die eigene Garage und so weiter Ihr wisst ja was ich meine. Euer Name steht auf einer der Latten. Aber alle anderen. Seht zu, dass ihr aus dem Becken kommt.

LISA und MARIUS filmen
ARON, JULIA, FRANK, VEDRANA bleiben im Becken, alle anderen verlassen es IVO, NANNIG, LAURENZ, LEONARDS, MARKUS, VERENA nehmen sich die Umschläge am Eingang

02 REPORTER
Herzlichen Guten Abend meine Damen und Herren. Wenn ich mich Ihnen kurz vorstellen darf. Mein Name ist Erika Musterfrau und ich freue mich sehr darüber Sie heute Nachmittag, den 14. August 2050 hier im Stadtbad Luckenwalde begrüssen zu dürfen. Wir befinden uns hier an einem historischen, sehr bedeutsamen Ort. Denn, wie Sie wissen, hat hier alles angefangen. Hier haben all die Zukünfte, wie wir sie heute kennen, ihren Anfang genommen. Und anlässlich des dreißigsten Jubiläums dieser Zukünfte sind wir heute hier zusammengekommen, um einen Moment inne zu halten.

Das Geschehene Revue passieren zu lassen und uns vor Augen zu führen, wie eine dieser Zukünfte, zu dem wurden, was sie heute ist. Wir blicken heute in die ehemaligen Einfamilienhaussiedlungen. Lehnen Sie sich zurück und lassen Sie sich von mir mitnehmen auf eine kleine Reise durch die Zeit. Sie dürfen gespannt sein, was Sie hier heute alles erwarten wird.

gesellschaftliche, wirtschaftliche und ökologische System so einfach nichtmehr tragbar. Durch die für uns heute gängige Vierteilung der Tätigkeiten zwischen Erwerb, Kultur, Reproduktion und Politik konnte d[...]
Rückblickend ein wichtiger Wendep[...]
Menschheit. Denn schliesslich hat [...]
ausgehen können.

03 REGIE

Achtung, Achtung. Dies ist eine D[...]
in 1 Prinzip eingeführt. NANNI GR[...]
Raum hier die 4 in 1 Abzeichen zu [...]
dass sie Teil der Bewegung sind. [...]
ja schon längst bei allen angekom[...]
das neue Nine to Five. Ist doch k[...]
den Hals. Und vielleicht hilft ja [...]
teilen, oder?

NANNIG verteilt die 4 in 1 Halsketten an A[...]

04 REPORTER

Blicken wir zurück in der Geschic[...]
dass das 4 in 1 Prinzip in den bi[...]
formen und der generellen Organis[...]
möglich war. Insbesondere Grundsä[...]
schaffe, schaffe, schaffe, Einfam[...]
durch die Einführung des 4 in 1 P[...]
mehr.

Der Luckenwalder Weg, wie wir ihn [...]
ursprünglich in einer ehemaligen [...]
Jahr 2020 hat sich die Menschheit [...]
das eigentlich genau ist, das 'Ei[...]

erst eingezogen. Ist ne g[...]
in das Haus hier. Worüber [...]
habe, das ist mir jetzt e[...]

eigentlich garkeinen [...]
an denen wir auch ein [...]
kommen können. Alles [...]
gerne Flächen für die [...]
hier in der Siedlung [...]

REGIE

So Julia hat also Fam[...]
hört auch zur Familie [...]
Und weiter in der Rei[...]

FRANK

Hey ich bin FRANK und [...]
so Dinge wie den Haus[...]
für Sich zu haben, ei[...]
mir glauben. Dabei me[...]
tionalität der Räume, [...]
leben, irgendwie so g[...]
muss sich ändern, ich [...]

REGIE

FERHAT du gehörst als [...]
Haus. Geh bitte ins S[...]
NA. Bitte stell dich [...]

VEDRANA

Hallo, ich bin VEDRAN[...]
eine Weile. Wir haben [...]
lerweile ihren eigene[...]
sind. Seitdem ist es [...]
nießen wir. Wenn ich [...]
gehe, möchte ich mein[...]
isoliert in meinem Ha[...]
mich schon eine ganze [...]
auch noch nicht einge[...]

REGIE

Alles klar. JOHANNES [...]
ins Schwimmbecken! Da[...]
noch. LEO, du kannst [...]
bringen, du weißt sch[...]

C Wohnzukünfte

Regler, die in anderen Zukünften meistens verrostet sind oder klemmen, völlig nebensächlich. Der Eigentumsregler beispielsweise. Im Falle der Einfamilienhäuser sind alle Einstellungen bereits auf Privatbesitz g…
sind gleichzeitig die Nut…
ge Zeit völlig unterschät…
darüber bewusst, was sie a…
konnten. Doch dann formie…
Strukturen, wie wir sie b…
können. Diese Strukturen e…
und flexibel. Die Zufriede…
situation ist seitdem ras…
einem Wert von 123 Prozen…

07 REGIE

So, ihr habts gehört. Jet…
Schwung in die Sache. An …
für eine bessere Zukunft, …
kollektive Verantwortung …
nach euren Vorstellungen. …
ten Schritt in ihre neue …
ihren Häusern ab und bilde…
ist noch skeptisch, sie s…
talanlage und weigert sic…
Zaun um ihr Grundstück ble…
Aber wir können ja mal ab…
Okay. Die Gruppe, die den …
wagt hat macht ganz unter…
ARON wie siehts zum Beisp…
Lies doch mal den Text vo…
steckt.

ARON 2

Mein Nachbar FRANK fragt …
will. Am Anfang fand ich …
aber dann dachte ich mir, …
einer kurzen Eingewöhnung…
aufgefallen, dass es eige…
nur Vorteile hat. Ich bin …
in seiner neuen Rolle als …

haltstätigkeiten, die ich vorher ganz für
richten musste, sind jetzt in der Gemeins…
Das klappt einfach super. Ich freue mich …
kunft. Aron liest den Zettel vor.

REGIE

Ja, dann geh doch mal zu FRANK ins Haus r…
Gut. Wie gehts jetzt weiter. Die neue Zuk…
schnell in der Nachbarschaft rum und auch …
noch am zweifeln war, ist jetzt überzeugt …
ser Form des Zusammenlebens die Zukunft l…
worauf wartet ihr noch, reißt den letzten …
Aron geht zu FRANK ins Haus. Vedranas Zau…

REGIE

Okay, wow! Die ganze Siedlung hat sich ve…
aber nicht genug. Jetzt gehts erst richti…
bauer: Schnappt euch die Protestschilder …
wissen, was ihr fordert. Ihr da in euren …
lienhäusern!

Sprecht mir nach:

Die Zäune müssen weg !
Die Zäune müssen weg !
Die Zäune müssen weg !

PROTESTSCHILDER

Die Zäune müssen weg !
Boden stiften !
Zukunft ist kollektiv !
Gemeinwohl statt Besitz !

REGIE

LEONARDS, LISAG, VERENA UND MARKUS ihr se…
tion. Öffnet die Umschläge und lasst die …
Ihr wollt, dass alle von eurer Zukunft er…
darüber Bescheid wissen, wie es sein könn…
werden kann! Achja und LEO, du musst glei…
Komm doch schonmal zu mir. IVO hast du sc…
Lies doch mal das Manifest vor!

Der Zaun im Kopf

FLUGBLATT

Manifest

1 / Klimawandel, Ressourcenknappheit, demografischer Wandel, soziale Ungleichheit. Keine der zukünftigen Herausforderungen kann von Einzelnen bewältigt werden. Wir müssen uns als Gemeinschaft organisieren und aktiv werden!

2 / Zukunft liegt im Gemeinwohl. Erwerbsarbeit, Care-Arbeit, politische und kulturelle Arbeit sind gleichwertig. Diese Tätigkeiten verdienen Raum im Alltag von uns Allen. Wir schaffen räumliche und soziale Strukturen, die das ermöglichen!

3 / Das Einfamilienhaus ist eines von vielen und muss zu einem für viele werden. Wir müssen unsere Wohnstrukturen neu denken! Lasst uns Freiraume kollektiv gestalten, Potentialräume teilen und Funktionen mischen. Wir schaffen ein Netzwerk von Zukunftsräumen!

4 / Der Boden gehört Allen. Privateigentum und Abgrenzung kann nur scheitern. Wir fordern Vergemeinschaftlichung des Bodens für ein selbstbestimmtes und nachhaltiges Zusammenleben! Boden stiften heißt Zukunft gestalten!

REGIE

lso, jetzt wollen wir aber auch wirklich alle an Bord
n. Jetzt das ganze Stadtbad, sprecht mir nach: Die Zäune
en weg ! Die Zäune müssen weg ! Die Zäune müssen weg !
Hausbewohner protestieren
Hausbewohner rufen Protestsong
Flugblätter fliegen
geht ans Megaphone
liest das Manifest vor
 rufen Protestsong

08 REPORTER

e Entwicklungen und allumfassenden gesellschaftlichen
sformationen, wirkten sich bald auch auch räumlich aus.
lassen Sie uns doch einfach einen Blick in die Zeit dawagen. Wir haben Ihnen einen Beitrag der Tagesschau aus

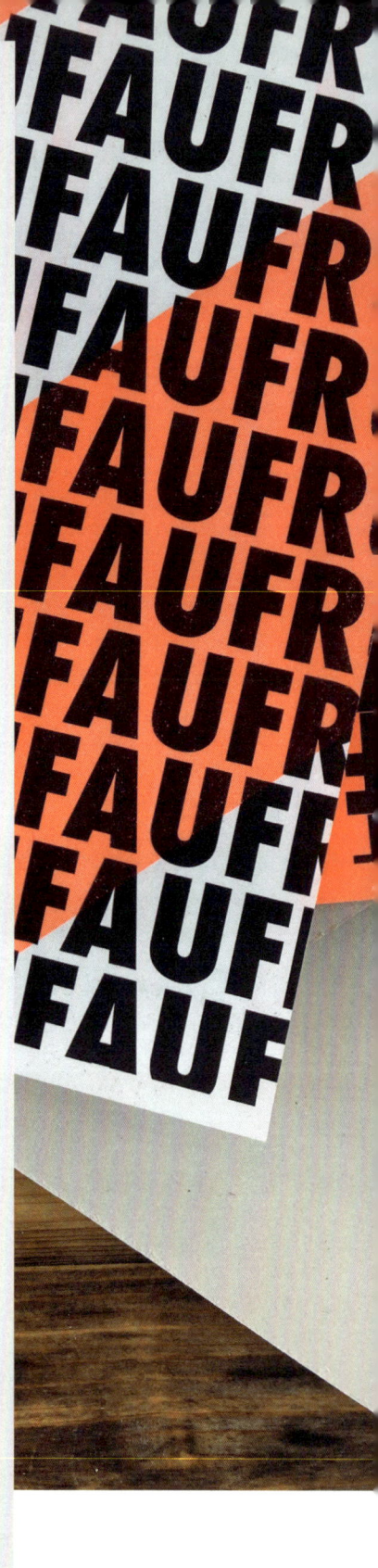

Der Zaun im Kopf

C   Wohnzukünfte   110

Stadt eingeladen, diese Form der neuen Zukunft aus nächster Nahe zu erleben. Die Reorganisation und Neustrukturierung der Einfamilienhaussiedlung stellt die Übersetzung des 4 in 1 Prinzips in die bauliche Umwelt dar.

11 REGIE

Alles klar, dann kanns jetzt ja losgehen. Bei VEDRANA und JOHANNES sind ja sowieso ein paar Zimmer frei, da zieht jetzt einfach LISAZ ein. LEO hilft euch dabei das Haus umzubauen. Ihr wohnt jetzt in einer Gemeinschaft zusammen. Und zwischen den Häusern von JULIA und FRANK entsteht ein verbindender Anbau. Durch den neuen Platz zieht jetzt auch NANNIG bei den beiden ein. Auf ins Schwimmbecken mit dir. LEO du weißt ja, was zu tun ist. Aber damit ist es ja noch nicht getan. Das Nachbarschaftsfest, ihr habts ja selbst gehört. ALLE können jetzt wieder ins Schwimmbecken. Platz gibts ja genug! Los, los, macht euch auf den Weg in das Haus der Nachbarschaft, in die Freiraume zwischen den Häusern die jetzt allen gehören oder macht doch mal einen Abstecher bei der WG. Stürzt Euch ins Getummel! LISAZ zieht bei VEDRANA und JOHANNES ein NANNIG zieht bei JULIA UND FRANK ein LEO baut die Häuser mit Zaunelementen um ALLE sind wieder im Schwimmbecken Während dem Einlaufen läuft Musik (Madness - Our House)

12 REPORTER

Die Bewegung in Luckenwalde hatte einen großen Einfluss auf die Entwicklungen der nachfolgenden Zeit. In der ganzen Nation haben sich die Menschen aufgemacht in eine der neuen Zukünfte. Ganz gleich ihres Kontextes, ob im urbanen, suburbanen und ruralen Umland hat sich die Bewegung ihren Weg in die Realität gebahnt. Die kritische Masse wurde nun endgültig überschritten und diese Zukunft wurde zum heutigen Mainstream. Der Luckenwalder Weg manifestiert sich zu guter Letzt auch in einer neuen Gesetzgebung der Bundesregierung.

13 REGIE

So Leute, fast fertig. Jetzt heißt es nochmal Fisch auf den Tisch, oder ! Laurenz öffne doch mal deinen Umschlag und lies den Text vor. Achja und LEO die alten Zaunlatten müssen bitte raus aus den Häusern, kannst du die kurz zur Seite legen?

GESETZESTEXT

Die Bundesregierung hat am 14. August 2050 beschlossen, dass mit sofortiger Wirkung kein Privateigentum am Boden mehr besteht. Somit sind alle Eigentumsansprüche am Boden hinfällig. Dies bedeutet jedoch nicht, dass die Menschen, die diesen Boden nutzen keine regulierte Sicherheit für die von ihnen genutzten Boden haben werden. LAURENZ liest Gesetzestext LEO trägt die Zaunlatten weg

14 REPORTER
Und so sind wir zu dieser Zukunft gekommen, die uns heute im Jahr 2050 allen so vertraut ist. Was sich hinter den anderen Zukünfte genau verbirgt, erfahren sie in den weiteren Vorträgen. Ich bedanke mich bei Ihnen fürs Kommen und Zuhören und verabschiede mich. Bis zum nächsten Jubiläum, wenn wir wieder darüber sprechen in welchen Zukünften WIR in Zukunft wohnen werden! Auf Wiedersehen.

15 REGIE
Okay, okay. Eine letzte Aktion in der Gemeinschaft haben wir noch. LEO stell dich doch bitte mal in die Mitte des Schwimmbeckens. Und ALLE anderen: Teilt euch doch bitte mal alle auf die vier Häuser auf. Genau so! Und jetzt schaut doch mal, dass ihr alle zusammen das Haus auf Hüfthöhe vom Boden hebt. Ich will dass ihr Euch mit den Dachspitzen der Häuser jetzt alle auf die Mitte zu LEO hinbewegt. Super, das sieht fast aus wie ein Kleeblatt. Jeder ist ja seines eigenen Glückes Schmied oder so. Und wie wärs jetzt, wenn ihr euch jetzt alle im Kreis dreht? Während dem Drehen läuft Musik (Madness - Our House)

Hammer, fürs erste Mal garnicht so schlecht.
Wir sind D E R Z A U N I M K O P F
Vielen Dank fürs Mitmachen !
Das wars von uns für heute
C I A O !

Der Zaun im Kopf

C WOHNZUKÜNFTE
Tischgesellschaft

| Projektbeschreibung | Der TISCH in Luckenwalde hat darauf gewartet, entdeckt zu werden. Als ehemalige Überdachung einer Fahrradabstellanlage am Rande eines postindustriellen, zentrumsnahen Quartiers ist er der ideale Ort für den Anstoß eines subversiven Aktivierungsprozesses im Kontext von festgefahrenen Eigentumsstrukturen und vermeintlichen Sackgassen der Stadtentwicklung. Durch das Hinzufügen von wenigen räumlichen Elementen, wie Vorhänge, Bar, Stühle, Tische, etc., wird aus der robusten TISCH-Struktur in Typenbauweise ein trojanisches Pferd der Stadtgestaltung mit ästhetischer Signalwirkung, das sich ständig von neuem füllt. Das Resultat ist eine scheinbar beiläufige Kooperations-Maschine mit urbaner Agenda, die durch unterschiedliche Formate (TISCH-Forum, Nachbar-TISCH, TISCH-Tennis, Stamm-TISCH) größer als der Ort selbst wird. Dabei nimmt der TISCH eine Doppelfunktion ein. Zum einen als Träger für den unmittelbaren Transformationsprozess, der durch die erste Ausgabe der Tischgespräche am 14. August 2021 in der Form eines Speed-Datings für lokale Akteur*innen in Luckenwalde stattfand. Zum anderen als Träger der Organisation «Tischgesellschaft – Verein für subversive Aktivierung e. V.», die am selben Tag von den Teilnehmenden des Campus in Luckenwalde gegründet wurde.

Link zum Projektvideo

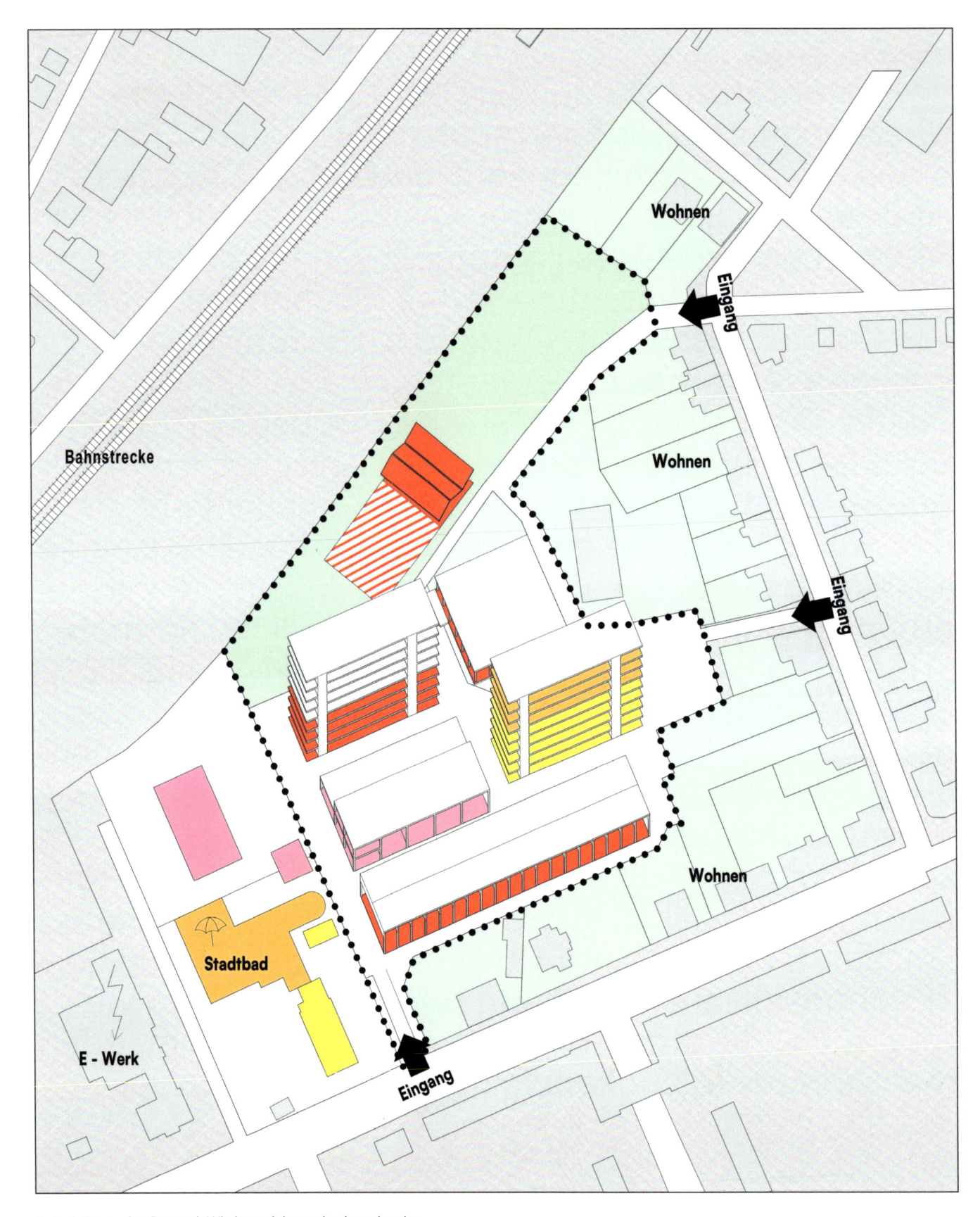

Anknüpfen an den Bestand: Wie lässt sich aus den bestehenden
Gebäuden, Freiräumen und Nutzungen heraus die Zukunft denken?
Wie sähe ein spekulativer Transformationsprozess aus?

C   Wohnzukünfte

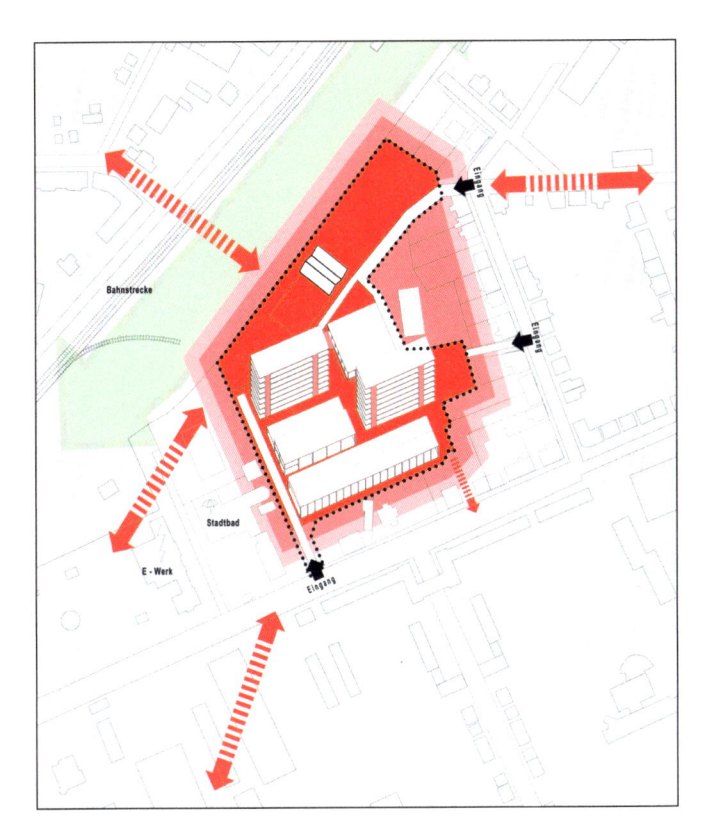

Zukunft Wohnen in Luckenwalde?: Ein ehemals industriell genutztes Grundstück in unmittelbarer Nachbarschaft zum E-Werk in Luckenwalde wird zum Gegenstand eines spekulativen Transformationsprozesses.

| Team | Nathalia Nehm, Johannes Pointl, Jann Spille, Leonard Steidle mit Ivo Balmer & Vedrana Žalac, Nanni Grau & Frank Schönert

C   Wohnzukünfte

Tischgesellschaft

C   Wohnzukünfte   120

Tischgesellschaft

121

C Wohnzukünfte 122

Tischgesellschaft – Verein für subversive Aktivierung e. V.
SATZUNG

(1) Der Verein führt den Namen Tischgesellschaft - Verein für subversive Aktivierung e. V.

(2) Er hat seinen Sitz in Luckenwalde und ist beim Amtsgericht Luckenwalde in das Vereinsregister einzutragen.

(3) Der Verein verfolgt durch die Förderung subversiver Forschung und Weiterbildung ausschließlich und unmittelbar gemeinnützige Zwecke im Sinne des Abschnitts „Steuerbegünstigte Zwecke" der Abgabenordnung.

(4) Zur Verfolgung dieser Zwecke verpflichten sich der Verein und seine Mitglieder stets
    - den Weg des geringsten Widerstandes zu gehen
    - dem Gemeinwohl
    - subversiv zu handeln
    - nicht spekulativ zu agieren
    - schneller zu bleiben
    - der Schönheit
    - der ökologischen Nachhaltigkeit
    - Blockaden zu überwinden
    - zur Kooperation
    - nie fertig zu werden

(5) Der Verein verfolgt keinerlei eigenwirtschaftliche Zwecke.

(6) Nur natürliche Personen können Vereinsmitglieder werden.

(7) Die Organe des Vereins sind die Mitgliederversammlung und der Vorstand.

(8) Der Vorstand setzt sich zusammen aus: a) der/dem 1. Vorsitzenden b) der/dem 2. Vorsitzenden c) der/dem Schatzmeister/in und d) der/dem Schriftführer/in.

(9) Die Mitglieder können an der Mitgliederversammlung ohne Anwesenheit an einem Versammlungsort teilnehmen und ihre Mitgliederrechte im Wege der elektronischen Kommunikation ausüben.

(10) Die Satzung ist in der vorliegenden Form am 14. August 2021 von der Mitgliederversammlung des Vereins beschlossen worden und tritt nach Eintragung in das Vereinsregister in Kraft.

C   Wohnzukünfte   124

EW
The Archive Show
1. Mai–18. Juli
Lamin Fofana
Keiken
Henrike Naumann
Jenna Sutela
Lauryn Youden
L. Zylberberg
Die Animation der 100 Jahre alten E-WERK-Geschichte durch zeitgenössische Kunst

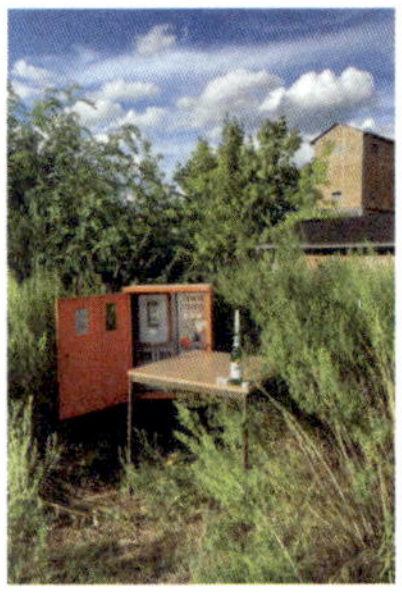

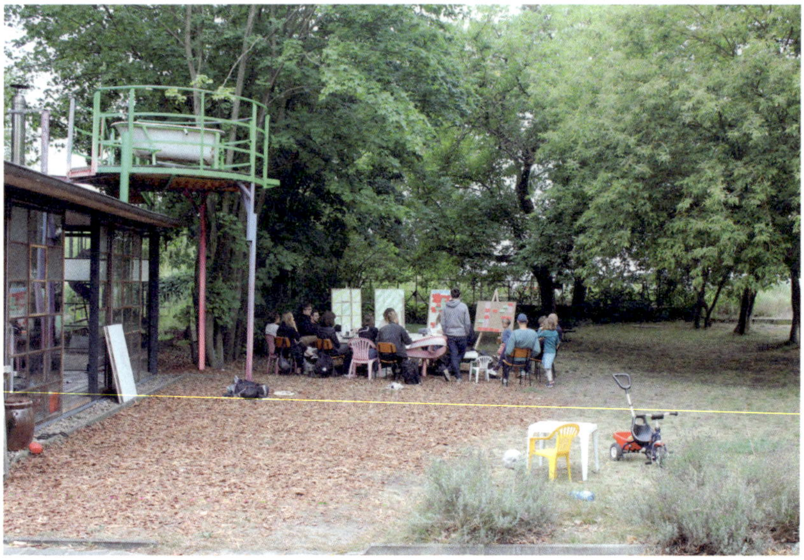

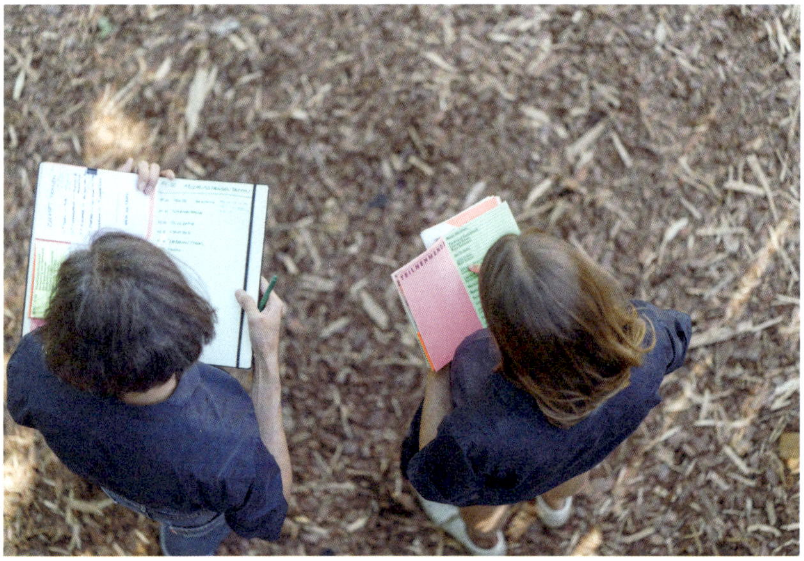

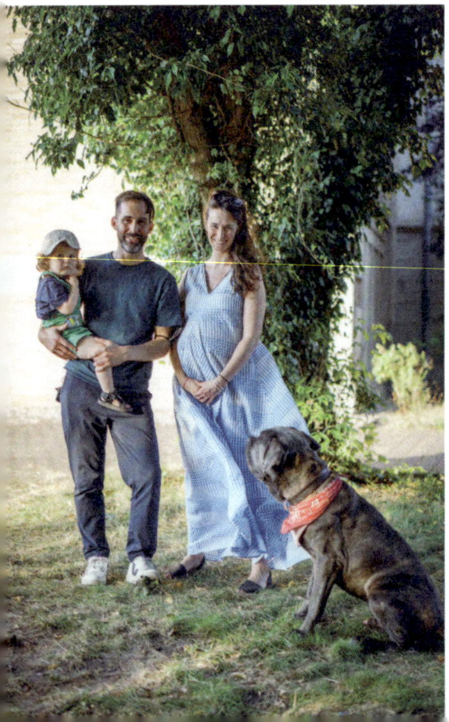

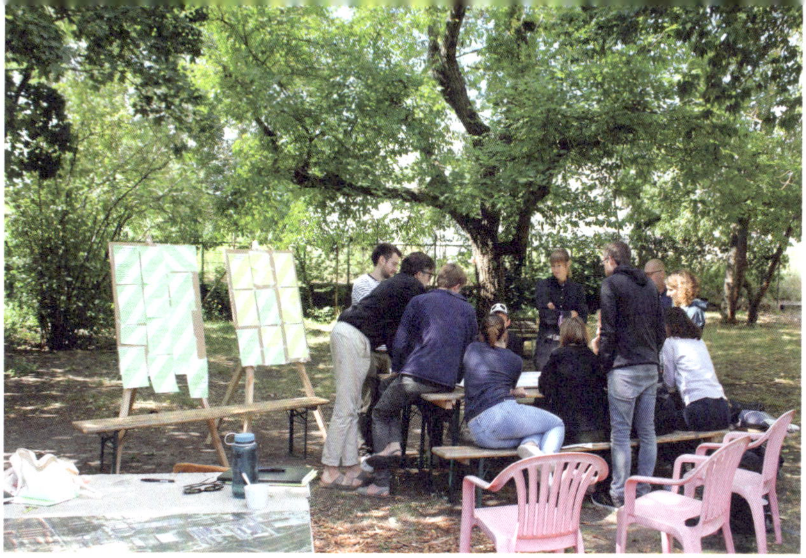
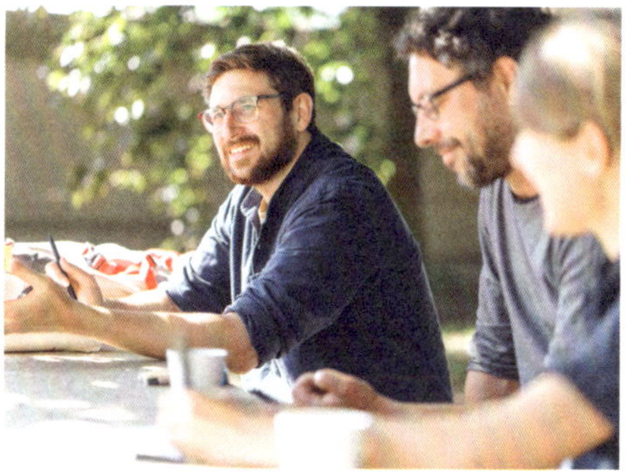
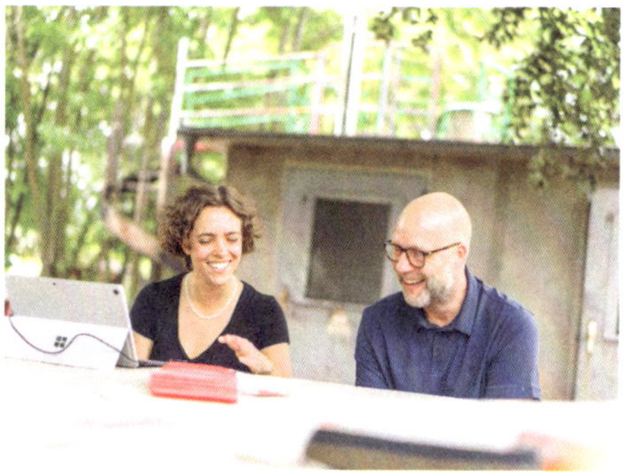
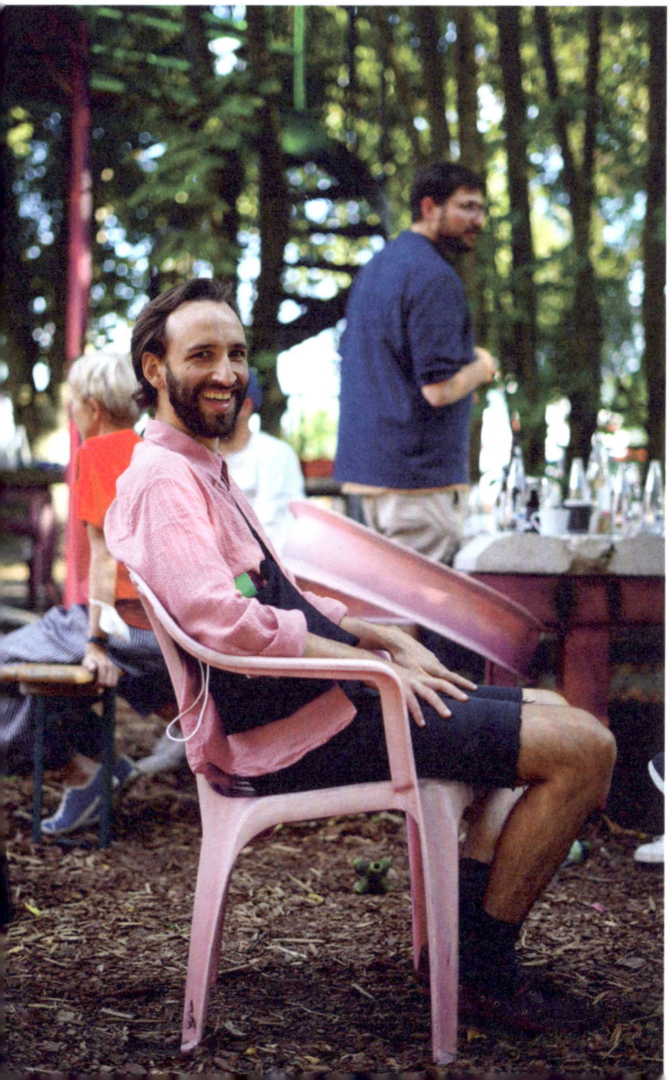
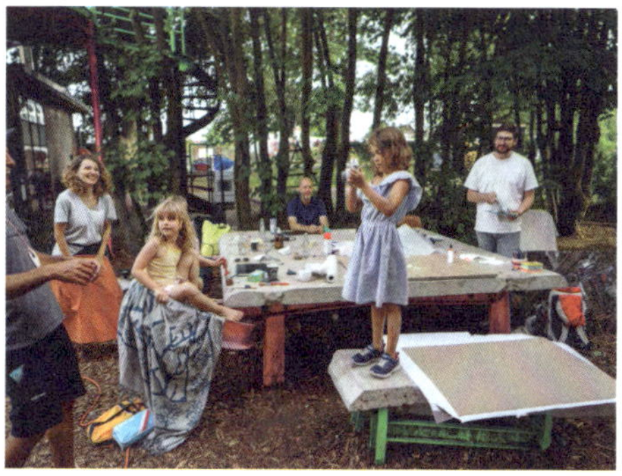
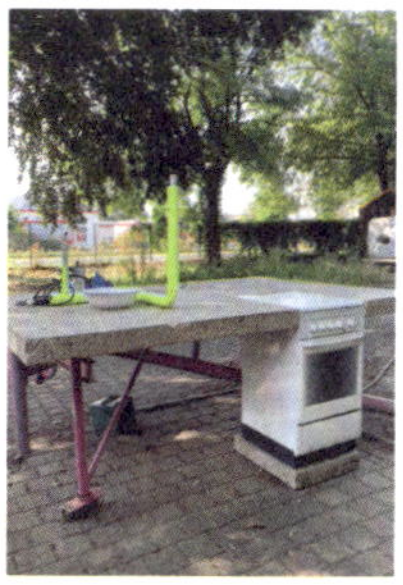

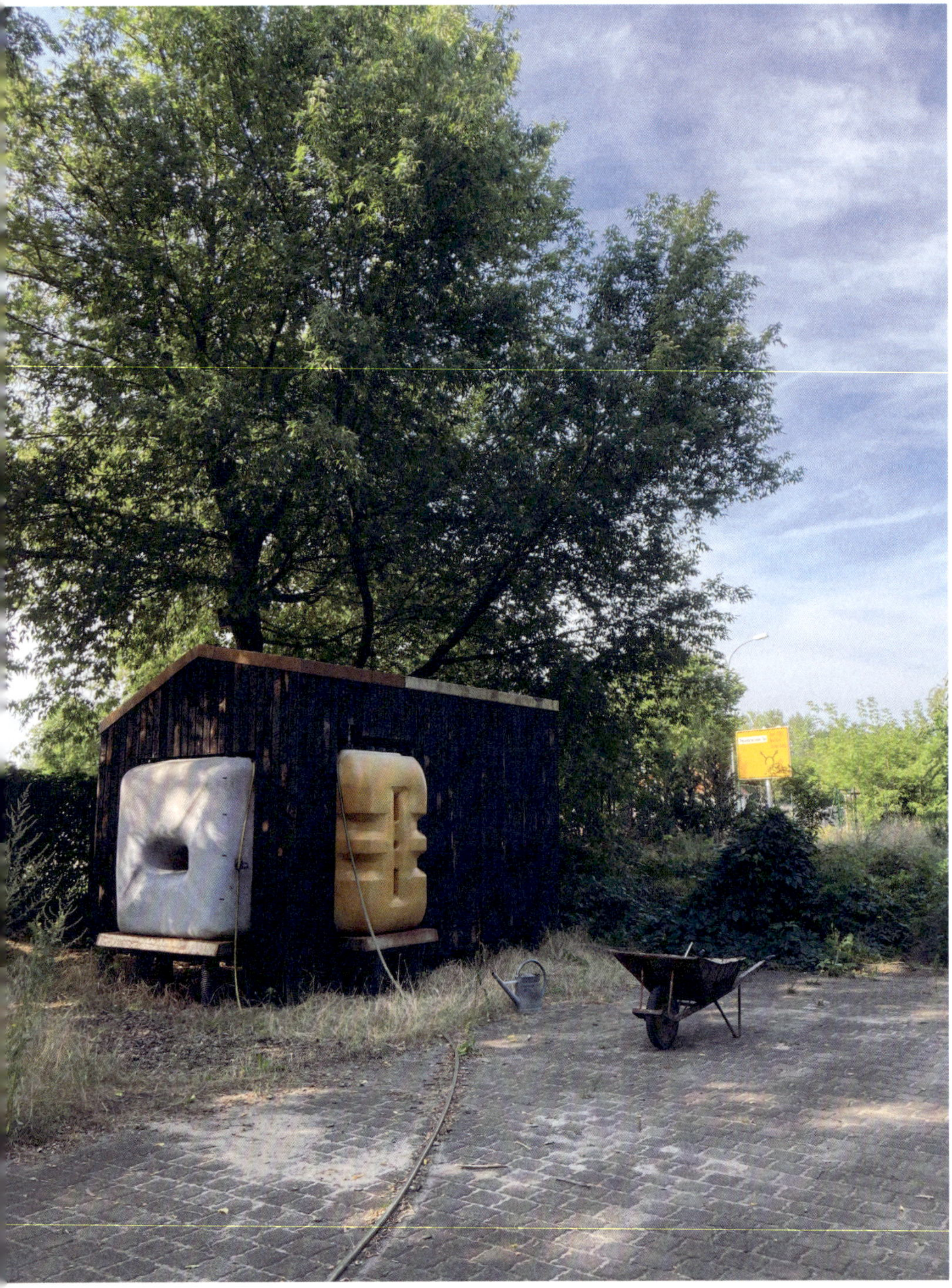

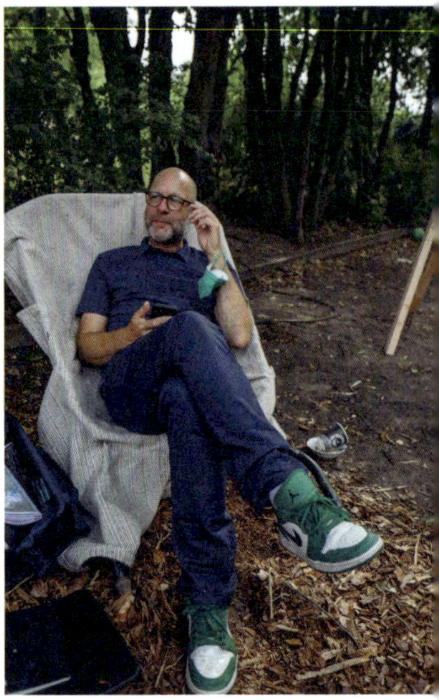

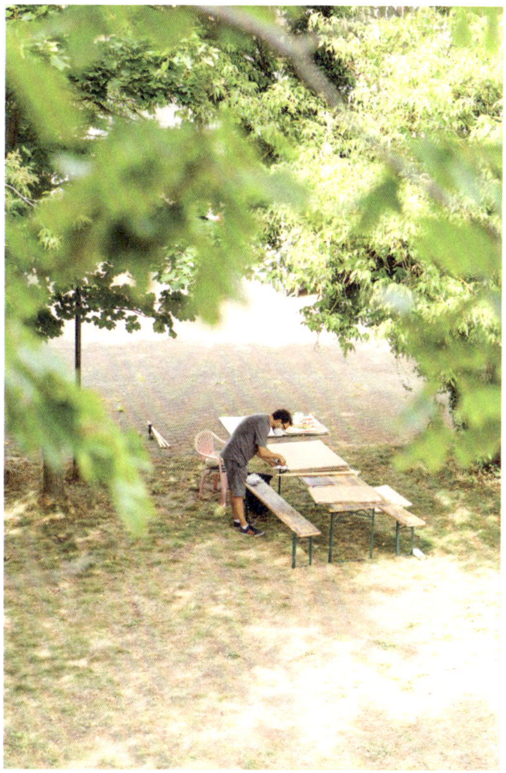

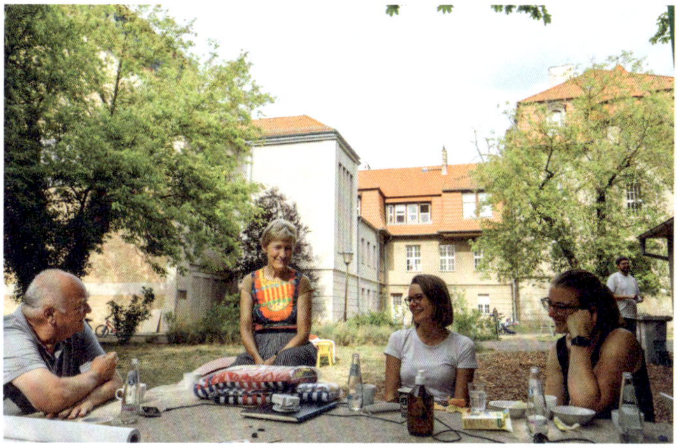

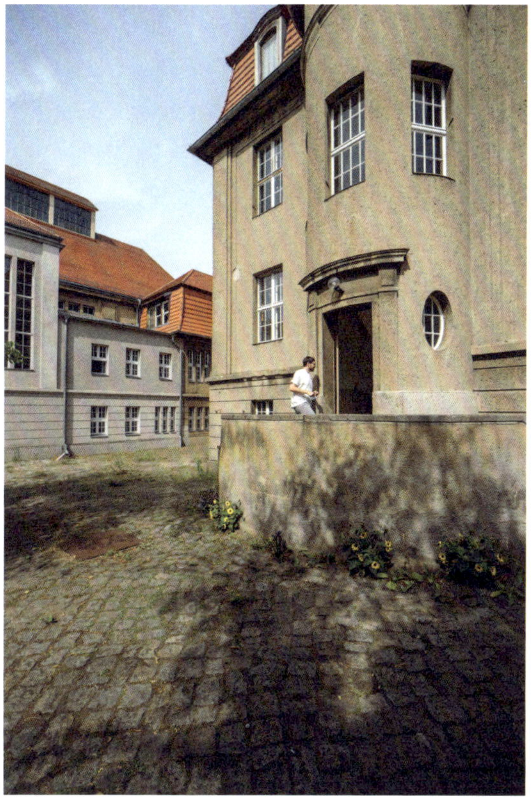

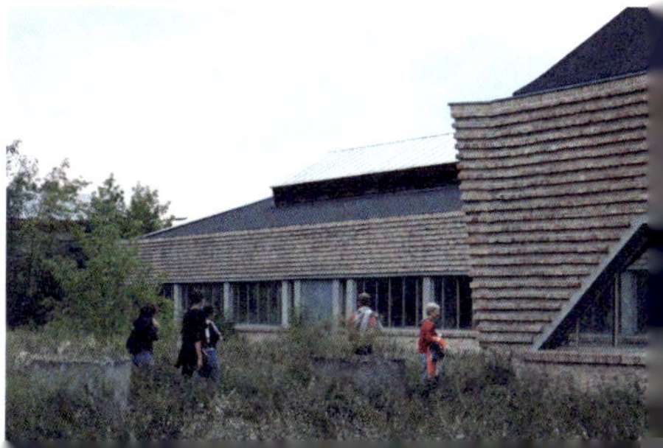

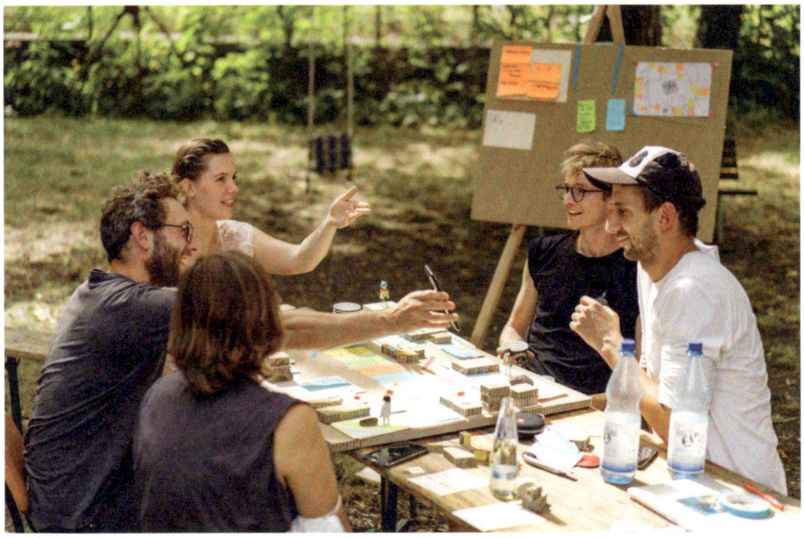

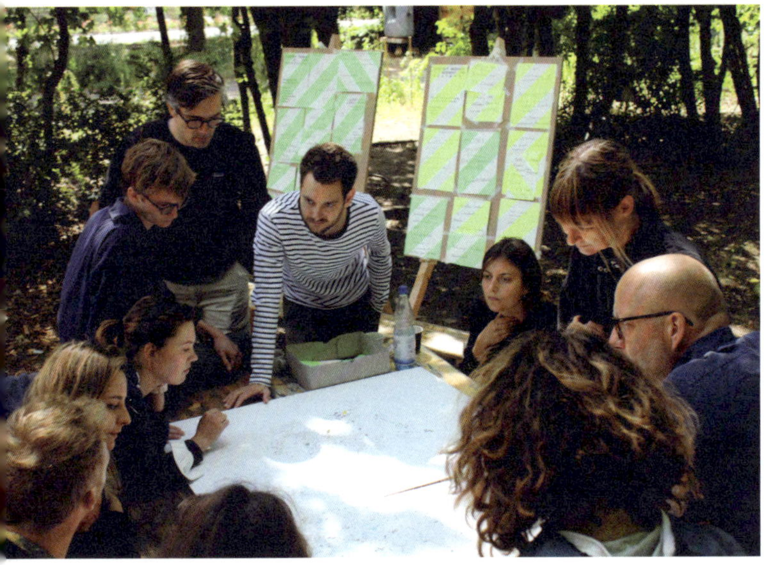

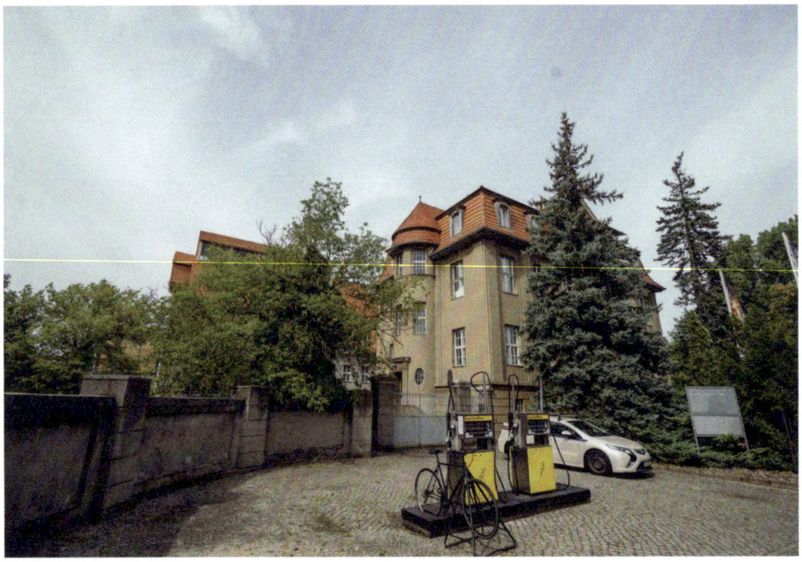

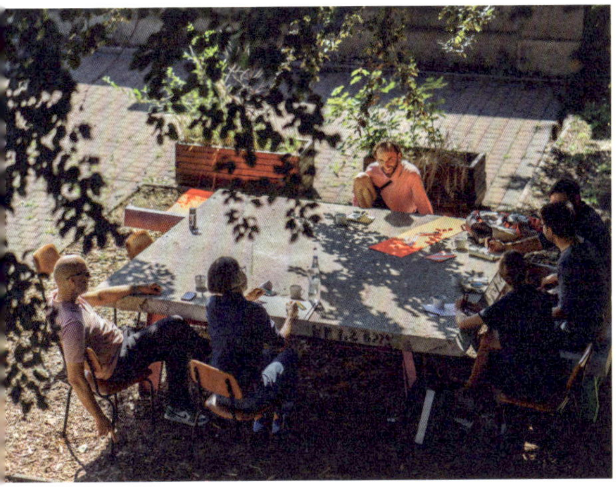

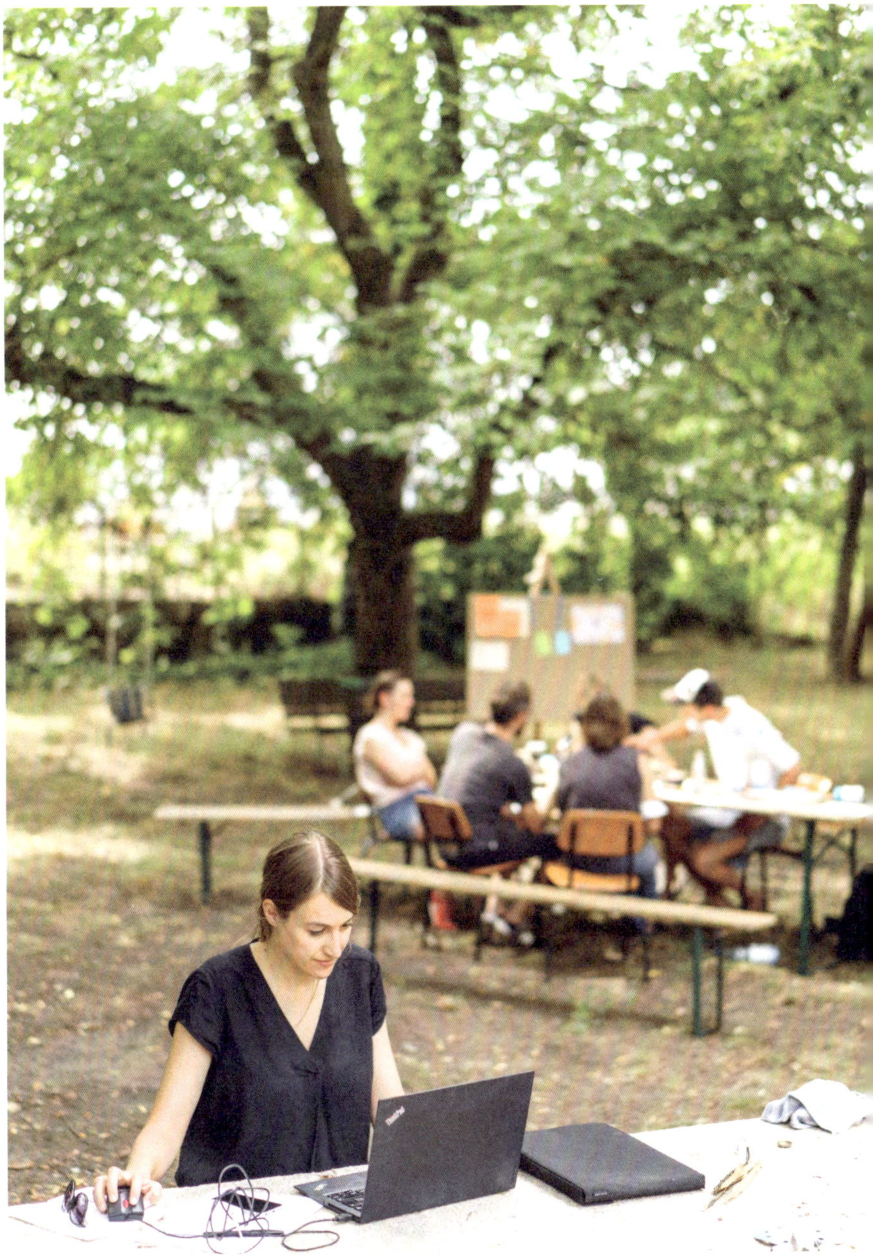

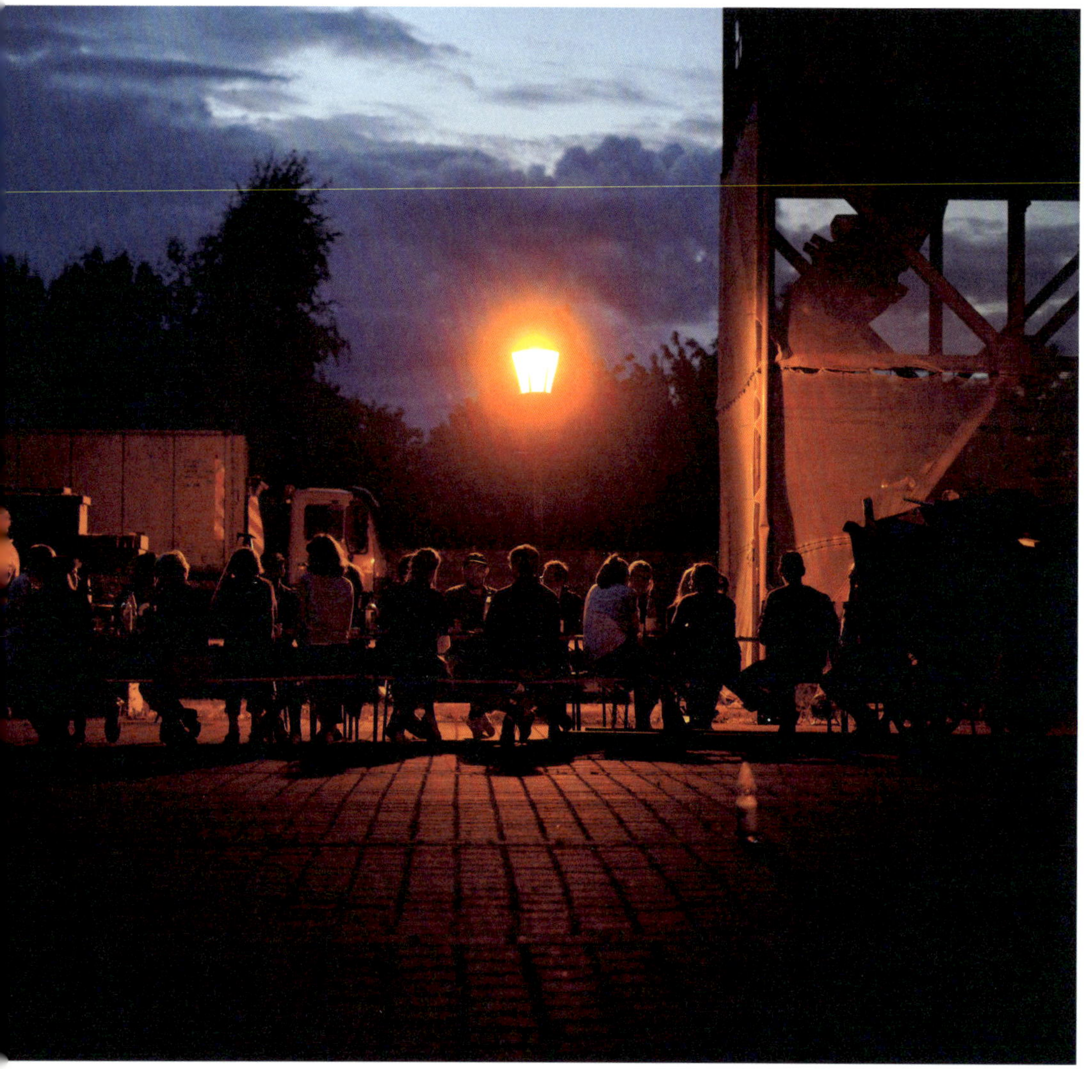

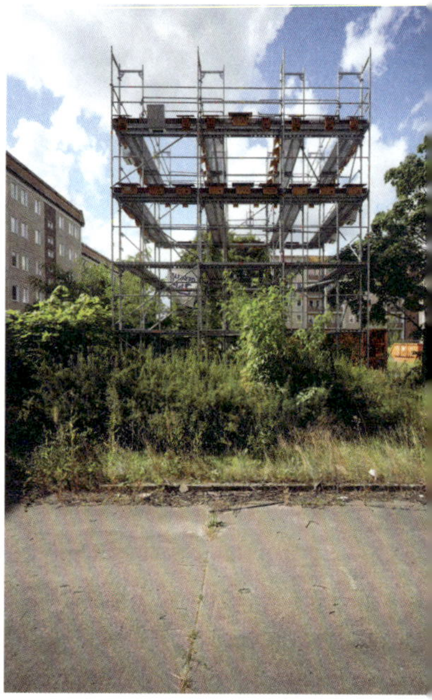

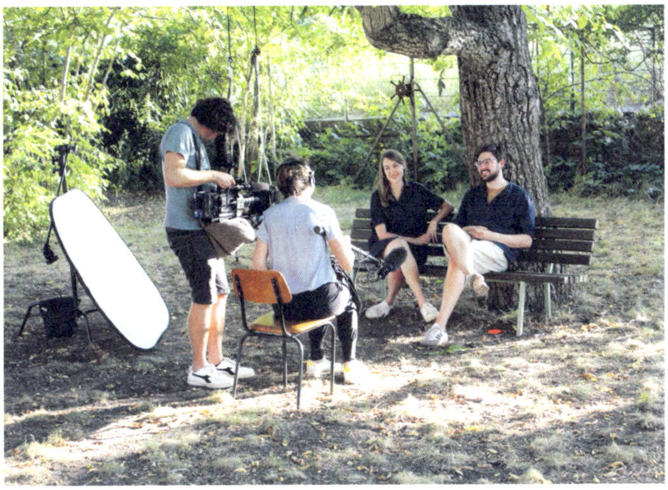

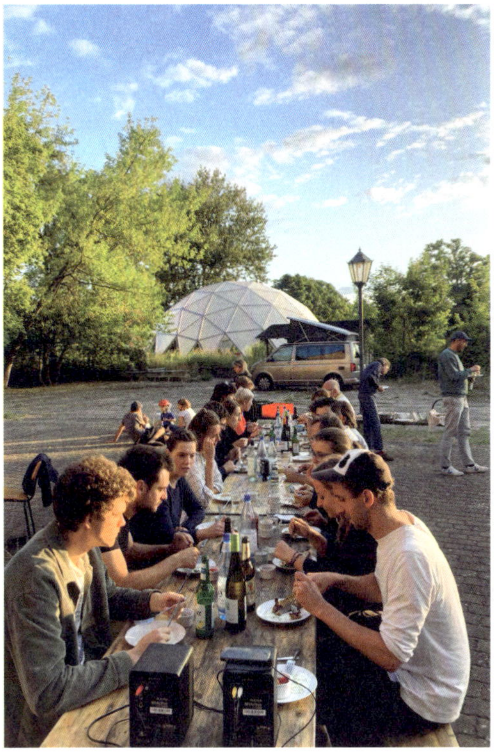

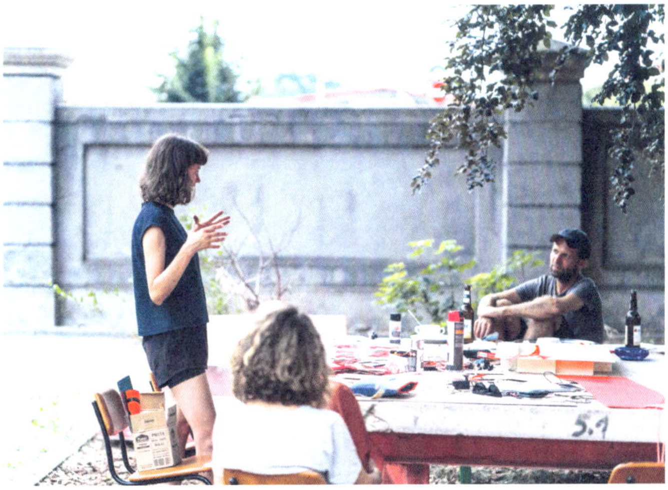

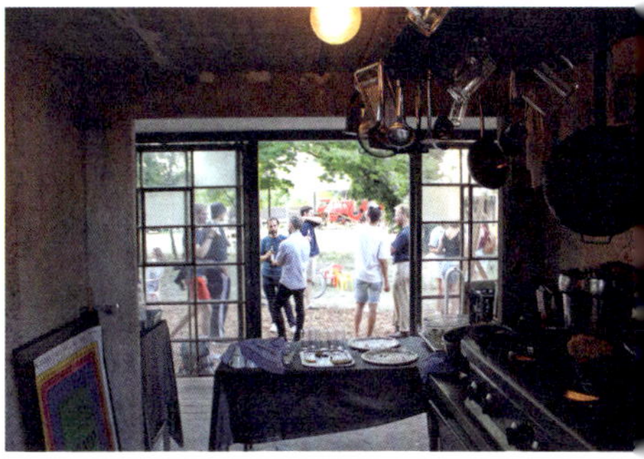

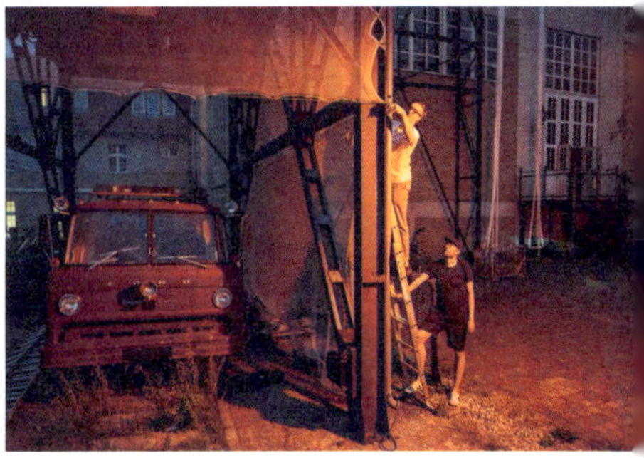

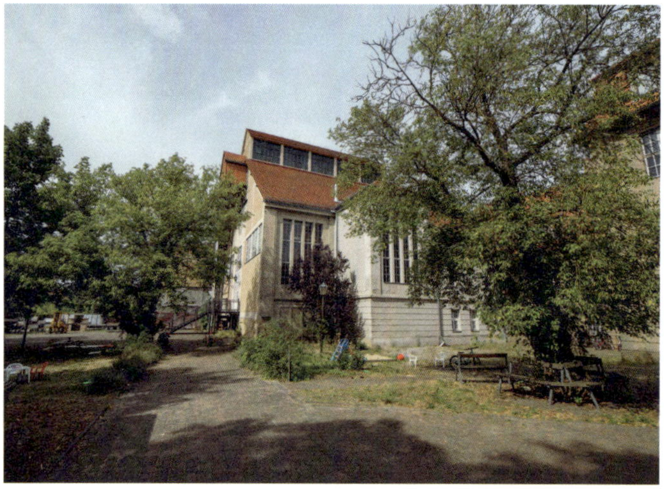

Teilnehmende

Zu den Teilnehmenden des Campus gehörten «Young Professionals», Studierende, Mentor*innen sowie Impulsgeber*innen aus den Bereichen Architektur, Landschaftsarchitektur, Stadtplanung, Zukunftsforschung, Kunst, Soziologie und Politik, die ihre beruflichen Erfahrungen und persönlichen Perspektiven auf das Thema Zukunft Wohnen einbrachten.

| Konzeption und Durchführung

PD Dr. Anja Reichert-Schick & Dr. René Hartmann & Dr. Stefan Krämer Wüstenrot Stiftung, Ludwigsburg
Verena Schmidt & Marius Gantert Teleinternetcafe Architektur und Urbanismus, Berlin

| Mentor*innen

Nanni Grau & Frank Schönert Hütten & Paläste Architekten, Berlin
Prof. Susanne Dürr & Dr. Gerd Kuhn urbi_et, Karlsruhe/Tübingen
Vedrana Žalac & Ivo Balmer denkstatt sàrl, Basel

| Teilnehmende

Anna Holzinger, Jann Spille, Nanni Abraham, Jan Dubský, Nathalia Nehm, Aron Bohmann, Johanna Gegenbauer, Leonard Steidle, Lisa Zander, Leo Higi, Ferhat Türkoğlu, Julia Felker, Dr. Markus Kaltenbach, Nelli Fritzler, Ferdinand Banaditsch, Laurenz Blaser, Johannes Pointl

| Impulsgeber*innen

Dr. Stefan Carsten Zukunft Stadt Mobilität, Berlin
Dr. Rosalina Babourkova & David Weigend Futurium gGmbH, Berlin
Lina Streeruwitz StudioVlayStreeruwitz, Wien
Helen Turner & Pablo Wendel E-Werk, Luckenwalde
Christian von Faber Stadtplanungsamt, Luckenwalde
Wolfgang Bohmann geschichtskundiger Einwohner und Arons Großvater, Luckenwalde

| Mitwirkende

Torsten Leder Teleinternetcafe Architektur und Urbanismus, Berlin
Florine Lindner E-Werk, Luckenwalde

Teilnehmende

C V

D

A

A Nanni Abraham
ist Architektin. Bereits während des Studiums an der Hochschule Karlsruhe fokussierte sie sich auf neue Wohnformen im städtischen Kontext. Erste Forschungserkenntnisse konnte sie als Hilfskraft bei der Mitarbeit im Forschungsprojekt «Wohnvielfalt. Gemeinschaftlich wohnen – im Quartier vernetzt und sozial orientiert» der Wüstenrot Stiftung sammeln. In ihrer Masterabschlussarbeit «Dialog Wohnen» wurden die Erkenntnisse weiter vertieft. In den vergangenen Jahren forschte sie als wissenschaftliche Mitarbeiterin der Hochschule Karlsruhe über «Familien in gemeinschaftlichen Wohnformen», während sie im Architekturbüro arbeitet und u. a. Wohnungsbau realisiert.

B

B Ivo Balmer
arbeitet seit 2018 in der Projektentwicklung bei Denkstatt sàrl in Basel. Er hat an den Universitäten von Bern, Leipzig und Zürich Soziologie, Geographie und Politikwissenschaften studiert. Im Zeitraum von 2013 bis 2017 war er Assistent im Forschungsbereich politische Stadtentwicklung und Raumplanung am Geographischen Institut an der Universität Bern. Er ist Vorstandsmitglied von vier Wohnbaugenossenschaften in Basel. Seit 2019 ist er im Vorstand des Regionalverbands «Wohnbaugenossenschaften Nordwestschweiz». In diesen Funktionen berät er den Dachverband in strategischen Fragen und entwickelt eigene gemeinwohlorientierte Wohn- und Gewerbeprojekte. Darüber hinaus engagiert er sich in verschiedenen wohnungspolitischen Initiativen. Als jüngste Beispiele zählen «Ja zu einem echten Wohnschutz» und «Basel baut Zukunft». Seit 2021 ist er Grossrat im Kantonsparlament Basel-Stadt.

B Ferdinand Banaditsch
hat das Studium der Architektur an der Hochschule für Technik Stuttgart 2020 mit dem Master abgeschlossen und befindet sich im Masterstudiengang Stadtplanung. Neben Praktika in Architekturbüros in Stuttgart, als auch in Chile und Argentinien, absolvierte er ein Auslandssemester an der Universidad Nacional Córdoba in Argentinien. In seiner Masterthesis beschäftigte er sich mit der «Zukunft des Ländlichen in Dorf und Haus».

B Laurenz Blaser
studiert Urban Design im Master an der Technischen Universität Berlin. Nach seinem Bachelor in Stadt- und Regionalplanung 2019 arbeitete er für ein Jahr als Projektmitarbeiter bei den Stadtentwicklungs- und Beteiligungsbüro Urbanizers. Neben seinem Schwerpunkt auf gemeinwohlorientierte Stadtentwicklung und soziale Bewegungen beschäftigt er sich mit den Narrativen des städtischen Raums – historisch, literarisch oder fotografisch. Er ist Teil des Kollektivs Raumstation Berlin, das mit kritischen und spielerischen Ansätzen (Zwischen-)Räume erkundet und Visionen einer Stadt für Alle entwickelt.

B Aron Bohmann
ist Experte für Stadt- und Regionalentwicklung, Wohnen und einhergehenden digitalen Transformationen. Er studierte Raumplanung und Raumordnung in Wien und Istanbul, bevor er einen Master in Urban Design in Hamburg und einen Master in City Design and Social Science in London absolvierte. Bei Buro Happold arbeitet er derzeit an den Schnittstellen technischer Planungen von Digitalisierung, Verkehr, Nachhaltigkeit und Energie. Vor seinem Eintritt in das Unternehmen war er Projektleiter für den «Deutschen Mobilitätspreis» sowie einer von drei Kurator*innen von «Conflicts of an Urban Age», einer Ausstellung im Rahmen der Architekturbiennale in Venedig, die aktuelle urbane Herausforderungen präsentierte.

D

D Jan Dubský
ist Architekt und arbeitet im Studio Urbane Landschaften sowie als selbstständiger Gestalter. Er studierte von 2008 bis 2017 Architektur und Urbanistik an der Prager Technischen Hochschule und der RWTH in Aachen. In seinen Abschlussprojekten «Transitionmaker 1.0 und 2.0» widmete er sich räumlichen Transformationsprozessen und partizipativer Raumgestaltung. Er erforscht und entwirft (r)urbane Räume im breiten Spannungsfeld von ortsspezifischen künstlerischen Rauminstallationen über Prozessdesign bis hin zu großräumigen strategischen Entwicklungskonzepten. Das zentrale wiederkehrende Thema und Hauptinteresse in seiner Arbeit ist die Stärkung des Miteinanders in der Stadt als Transformationsinstrument.

D Susanne Dürr
ist Architektin. Sie arbeitet als Professorin für Städtebau und Gebäudelehre an der Hochschule Karlsruhe und ist Teil des interdisziplinären Forschungsnetzwerkes urbi_et mit Standort in Karlsruhe. Sie studierte Architektur an der Technischen Hochschule Karlsruhe und der University of Bath in England. Ihre Forschungsschwerpunkte sind die nachhaltige Quartiersentwicklung mit Fokus auf den Wohnungsbau, neue Wohnformen und den öffentlichen Raum. Freiberuflich ist sie tätig im Bereich der Qualitätssteuerung in verschiedenen Verfahrensarten und Maßstäben und in der städtebaulichen Begleitung von Stadtentwicklungsprozessen. Seit 2018 ist sie Vizepräsidentin der Architektenkammer Baden-Württemberg.

F

F Julia Felker
ist Stadtplanerin und arbeitet im Büro Urbanizers in Berlin. Von 2013 bis 2017 studierte sie Urbanistik an der Bauhaus-Universität Weimar und der Estonian Academy of Arts in Tallinn. Als Stipendiatin des Deutschlandstipendiums absolvierte sie von 2017 bis 2020 ihren Master in Stadt- und Regionalplanung an der Technischen Universität Berlin. Studienbegleitend war sie in der Verwaltung, Sozialforschung und verschiedenen Planungsbüros tätig, zeitweise in der Landschaftsarchitektur in Luxemburg. Besonders interessiert sie sich für die Nutzung und Transformation des öffentlichen Raums und der kritischen Stadtforschung, was sie thematisch in ihrer Masterarbeit zum Wandel des lokalen Gewerbes im von Touristifizierung betroffenen Quartier verband. Ehrenamtlich engagiert sie sich in der Berufsvereinigung für Stadt-, Regional- und Landesplanung SRL.

F Nelli Fritzler
ist Architektin und Co-Founderin des Büros Rurbane Realitäten, das sie mit Anna Holzinger gründete. Sie absolvierte ihr Masterstudium an der Technischen Universität Berlin und entwickelte im Rahmen ihrer Thesis zu rurbanen Transformationsprozessen die Grundlage für ihre Selbstständigkeit. Dort war sie zudem als Tutorin im Fachgebiet DE/CO Entwerfen und Baukonstruktion bei Prof. Jan Kampshoff tätig. Bis 2017 studierte sie am Karlsruher Institut für Technologie. Ihre Bachelorarbeit, die sich mit der Entwicklung eines städtischen Leerstands zu einem kulturellen Möglichkeitsraum auseinandersetze, wurde mit dem Heinrich-Hübsch-Preis ausgezeichnet. Neben dem Studium war sie als studentische Mitarbeiterin u. a. bei Kuehn Malvezzi und Grüntuch Ernst Architekten in Berlin sowie bei SNA in Lille, tätig.

G

G Marius Gantert
ist Architekt und Gründungspartner von Teleinternetcafe und Urbanismus in Berlin und Hamburg. Von 2004 bis 2012 studierte er Architektur am Karlsruher Institut für Technologie (KIT) und von 2015 bis 2017 berufsbegleitend Interdisciplinary Urban Design an der Bartlett School of Planning in London (UCL). Neben der Bürotätigkeit war er 2012 bis 2014 wissenschaftlicher Mitarbeiter im Fachgebiet Internationaler Städtebau am KIT und 2015 bis 2018 am Institut für Landschaftsplanung und Ökologie der Universität Stuttgart, wo er als Projektkoordinator für das transdisziplinäre Forschungsprojekt «Reallabor für Nachhaltige Mobilitätskultur» verantwortlich war. Gemeinsam mit seinen Büropartner*innen vertrat er zwischen 2017 bis 2021 in wechselnden Konstellationen die Professuren der Fachgebiete Entwerfen und Stadtplanung sowie Entwerfen und Städtebau der Technischen Universität Darmstadt.

G Johanna Gegenbauer
ist Masterstudentin im Architekturstudium an der Hochschule Karlsruhe. Parallel zum Studium arbeitet sie seit 2019 als akademische Mitarbeiterin im Studiengang und unterstützt u. a. die Lehre im Städte- und Wohnungsbau. 2021 erschien das Forschungsprojekt «Familien in gemeinschaftlichen Wohnformen» (FageWo), in dem sie als wissenschaftliche Hilfskraft mitarbeitete. Anhand von Fallstudien und Expert*inneninterviews wurden die Wohnbedingungen von Familien im urbanen und ländlichen Kontext untersucht und ausgewertet. Ihr Interesse gilt, neben dem partizipativen Wohnungsbau, der innerstädtischen Entwicklung und dem Städtebau, welches sie in selbstständiger Wettbewerbsarbeit und Studienprojekten umsetzt.

Teilnehmende

G　　　　　　　　　　　Nanni Grau
ist Architektin und Gründungspartnerin im Büro Hütten & Paläste in Berlin. Von 1991 bis 1994 studierte sie Design an der FH Coburg und von 1994 bis 2001 Architektur an der Berliner Hochschule der Künste. Nach Berufserfahrungen in Architekturbüros wie von Peter Eisenmann und Daniel Libeskind war sie von 2009 bis 2012 wissenschaftliche Mitarbeiterin am Lehrstuhl für Entwerfen und Baukonstruktion bei Prof. Bettina Götz an der Universität der Künste Berlin. Von 2017 bis 2019 war sie Gastprofessorin für Formen partizipativer Stadtentwicklung an der Uni Kassel und seit 2021 ist sie Professorin für Architektur der Transformation an der HS München. Sie ist Gründungsmitglied des Netzwerks «DieNachwachsendeStadt» und widmet sich in ihrer Arbeit der partizipativen Transformation von Bestandsgebäuden.

H

H　　　　　　　　　　　René Hartmann
ist Historiker und arbeitet seit 2016 als Projektleiter bei der Wüstenrot Stiftung. Er studierte Kunstgeschichte und Wissenschafts- und Technikgeschichte in Würzburg, Frankfurt am Main und Berlin. 2015 promovierte er an der Technischen Universität Berlin über Hochgaragen und Parkhäuser in Deutschland im 20. Jahrhundert. Sein Interesse gilt insbesondere der Denkmalpflege, der Baukunst der Nachkriegsmoderne, den Bauten des ruhenden Verkehrs, Gemeinwohl orientierten und partizipativen Entwicklungsprozessen, der Dokumentarfotografie und der deutsch-französischen Kunstgeschichte um 1800.

H　　　　　　　　　　　Leonard Higi
ist Stadtforscher und arbeitet seit 2018 als Wissenschaftlicher Mitarbeiter am Institut für angewandte Forschung Urbane Zukunft der Fachhochschule Potsdam (FHP). Er absolvierte von 2011 bis 2016 einen Bachelor der Architektur und Stadtplanung an der Universität Stuttgart und von 2016 bis 2019 einen Master der Zukunftsforschung an der Freien Universität Berlin. Während des Bachelorstudiums war er Praktikant und Werkstudent in Planungsbüros in Paris, Stuttgart und Tübingen. Zudem wirkte er von 2019 bis 2020 als Projektmanager für die kultursegel gGmbH an der Konzeptentwicklung für das Schloss Gadebusch mit. Für die FHP ist er aktuell Projektmitarbeiter in der Präsenzstelle Luckenwalde sowie Lehrender im Masterstudiengang Urbane Zukunft. Im Rahmen seiner Dissertation untersucht er derzeit das Potential computergestützter Modellierungsansätze zur Unterstützung von Stadtplanung in Kleinstädten am Beispiel Luckenwalde.

H　　　　　　　　　　　Anna Holzinger
ist Stadtplanerin und Co-Founderin des Büros Rurbane Realitäten, das sie Ende 2021 mit Nelli Fritzler gründete. Zuvor war sie als Projektleiterin bei AG.Urban in Berlin tätig. Sie studierte Stadtplanung an der Hafencity Universität Hamburg (HCU) und beschäftigte sich in ihrer Abschlussarbeit mit der kooperativen Stadtentwicklung am Beispiel der Entwicklung einer Landschaftsachse. Neben dem Studium war sie in der Projektentwicklung bei Aurelis, bei dem Studio Urbane Landschaften und am Lehrstuhl Architektur und Landschaft bei Prof. Antje Stokman an der HCU tätig. Sie interessiert sich insbesondere für die Entwicklungen ländlicher Räume und wirkt mit Raumpionieren in Gerswalde, in der nördlichen Peripherie Berlins, an der Gestaltung ruraler Transformationsprozesse mit.

K

K　　　　　　　　　　　Markus Kaltenbach
ist Architekt und Stadtplaner und im Bereich der informellen Stadt- und Raumplanung im Büro berchtoldkrass in Karlsruhe tätig. Nach seinem Architekturstudium am Karlsruher Institut für Technologie (KIT) arbeitete er für Albert Speer und Partner in Frankfurt, hielt Lehraufträge an der Technischen Universität Darmstadt und war wissenschaftlicher Mitarbeiter am Institut Entwerfen für Stadt und Landschaft am KIT. In seiner Promotion beschäftigte er sich mit der spezifischen Wohnpraktik berufsbedingter residenzieller Multilokalität und deren städtebaulichen Relevanz. Er ist Gründungsmitglied und Vorsitzender des Vereins Raumgeschichten.

K　　　　　　　　　　　Gerd Kuhn
ist Wohnsoziologe und arbeitet im Büro urbi_et Tübingen. Er studierte Soziologie/Politikwissenschaften, Neuere Geschichte und Germanistik in Frankfurt am Main. Seine Promotionsarbeit an der Technischen Universität Berlin hatte die Wohnkultur und kommunale Wohnungspolitik in Frankfurt am Main 1900–1930 zum Gegenstand. Er war am Institut Wohnen und Entwerfen der Universität Stuttgart tätig, und publizierte u.a. zur Sozialen Mischung in der Stadt, über Baugemeinschaften und zur Wohnvielfalt. Die aktuellen Forschungsprojekte, u.a. mit Susanne Dürr, haben «Familien im gemeinschaftlichen Wohnen» (BBSR, abgeschlossen Sommer 2021) und Wohnoptionen (Wüstenrot Stiftung, Herbst 2021) zum Gegenstand.

L

L　　　　　　　　　　　Torsten Leder
ist freiberuflicher Lektor und Layouter. Er studierte Bauingenieurwesen an der FH Zittau, Soziologie mit Schwerpunkt Kulturanthropologie an der FU Berlin, sowie Medienwissenschaft und Informatik mit dem Schwerpunkt Medienanthropologie an der Universität Basel. In seiner Diplomarbeit widmete er sich der postmodernen Identitätskonstruktion und der Kunst des Ausstellens. Darüber hinaus ist er im Bereich Öffentlichkeitsarbeit und Medien tätig, u.a. für A24 und Brenne Architekten. Seit 2010 engagiert er sich als Vorsitzender des menschen formen e.V. in der Wissenschaftsarbeit, der Konzeption, Organisation, Durchführung von Seminaren, Lesungen, Buchvorstellungen und Ausstellungen im interdisziplinären Bereich.

L　　　　　　　　　　　Florine Lindner
arbeitet an der Schnittstelle zwischen Kunst und Politik und ist Projektleiterin im E-Werk Luckenwalde für Performance Electrics und den Kreativcampus. Sie studierte Theater- und Filmwissenschaft sowie Philosophie in Wien, arbeitete als Journalistin fürs Radio, lebte dann viele Jahre in London und Barcelona und wirkte dort als Dramaturgin bei internationalen Performance-Produktionen mit.

N

N　　　　　　　　　　　Nathalia Nehm
ist Architektin und arbeitet als Universitätsassistentin am Institut für Entwerfen und Wohnungsbau an der Technischen Universität Darmstadt. Von 2011 bis 2018 hat sie Architektur an der TU Darmstadt studiert und in ihrer Masterthesis die Frage nach zukünftigen Wohnformen behandelt. Ihr Interesse gilt insbesondere der Auseinandersetzung mit hybrid genutzten Gebäuden, sowie der Um- und Weiternutzung von großmaßstäblichen Bestandsgebäuden. Während der vergangenen Sommersemester hat sie gemeinsam mit dem Team des Instituts für Wohnungsbau zu diesem Thema eine Masterthesis mit dem Titel WohnAgora herausgegeben. Seit Herbst 2021 arbeitet sie ergänzend zu ihrer Lehrtätigkeit an der TU Darmstadt an ihrer Promotion im Bereich der Grundrissanalyse.

P

P　　　　　　　　　　　Johannes Pointl
ist Architekt, Stadtplaner und Universitätslektor. Nach seinem Architekturstudium an der Technischen Universität Graz absolvierte er einen postgradualen Masterlehrgang in Architecture and Urban Design an der GSAPP, Columbia University in New York. Er arbeitete als Projektleiter bei Raumlabor Berlin, Scape Landscape Architecture in New York und StudioVlayStreeruwitz in Wien. Er unterrichtete Entwurfsstudios und gab Seminare an der Columbia University und der Technischen Universität Wien. Mit seiner selbständigen Architekturpraxis realisierte er Architekturprojekte in Österreich, Italien und Griechenland. Er hat zu Publikationen über Urban Design Initiativen in Deutschland, Ghana, Haiti und den USA beigetragen und seine Forschungsprojekte wurden unter anderem während der Oslo Architecture Triennial und der Architekturbiennale in Venedig ausgestellt.

R

R　　　　　　　　　　　Anja Reichert-Schick
ist Geographin mit Schwerpunkt in der Regional- und Stadtentwicklung. Seit April 2021 leitet sie in der Wüstenrot Stiftung die Themengebiete Zukunftsfragen und Bildung. Zuvor war sie 20 Jahre im Fachbereich Raum- und Umweltwissenschaften der Universität Trier tätig, hat 2004 über «Kulturgut, das der Krieg erschuf» promoviert, 2014 mit «Abwanderung – Entleerung – Wüstung?» habilitiert und hat 2013 die Professur für Wirtschafts- und Sozialgeographie vertreten. 2018 bis 2021 war sie Studienleiterin für Stadtentwicklung, Ländliche Räume

und Wohnungsbau an der Evangelischen Akademie Bad Boll. Sie befasst sich mit gesellschaftlichen und räumlichen Transformationsanforderungen und verfolgt das Ziel, Anstöße für positive Veränderungen zu geben, gute Modelle zu schaffen und damit verantwortungsbewusstes Handeln in relevanten ökologischen, sozialen, ökonomischen und politischen Bereichen zu initiieren.

S

S Verena Schmidt
ist Architektin und Gründungspartnerin von Teleinternetcafe Architektur und Urbanismus. Von 2005 bis 2010 studierte sie Architektur an der TU München und dem City College New York. Sie arbeitete als Redaktionsassistentin im DETAIL-Verlag sowie in der Redaktionsgruppe der ARCH+ Berlin. Parallel dazu sammelte sie Berufserfahrungen in Architekturbüros, u. a. HEIDE & VON BECKERATH in Berlin. Von 2014 bis 2017 war sie als wissenschaftliche Mitarbeiterin am Institute for Sustainable Urbanism der Technischen Universität Braunschweig in Lehre und Forschung tätig. Gemeinsam mit ihren Büropartnern vertrat sie zwischen 2017 bis 2021 in wechselnden Konstellationen die Professuren für die Fachgebiete Entwerfen und Stadtplanung sowie Entwerfen und Städtebau an der Technischen Universität Darmstadt.

S Frank Schönert
ist Architekt, Biologe und Gründungspartner im Büro Hütten & Paläste in Berlin. 1997 schloss er ein Studium als Molekularbiologe an der Humboldt Universität Berlin mit einer Diplomarbeit über die induzierte Genexpression von HL-60 Zellen ab. Von 1997 bis 2005 studierte er Architektur an der FH Dessau und der Hochschule der Künste Berlin. Berufserfahrungen sammelte er als Projektarchitekt bei Foster und Partners. Von 2007 bis 2017 arbeitete er als wissenschaftlicher Mitarbeiter am Lehrstuhl für Entwerfen und Baukonstruktion an der Universität der Künste Berlin bei Prof. Bettina Götz. Er ist Gründungsmitglied des Netzwerks «Die-NachwachsendeStadt». In seiner beruflichen Praxis setzt er sich seit einigen Jahren mit der Anpassungsfähigkeit und Veränderbarkeit von Gebäudebeständen auseinander.

S Jann Spille
hat in Köln und Berlin Sozialwissenschaften studiert. Nach Auslandsaufenthalten an der Sciences Po Paris und in Istanbul machte er 2018 seinen Masterabschluss an der Humboldt Universität Berlin und im Anschluss ein Stipendiat der DFG (Humboldt Research Track Scholarship). Seinem Forschungsprojekt zum Thema «ökologische und soziale Folgen des globalen Massenkonsums» folgte von 2019 bis 2021 die Lehre zum Zimmerer in der Restauration und Denkmalpflege bei der Oehnaland Holzverarbeitungs GmbH. Seit 2019 ist er im E-WERK Luckenwalde für die Realisierung für künstlerische Projekte mit Performance Electrics gGmbH, umschichten, Samuel Treindl etc. mitverantwortlich. 2021 gründete er UM:BAU, eine gemeinnützige Bauhütte, die sich an ruinöse Architekturen ansiedelt und diese reaktiviert, wobei in der Ineinandersetzung mit dem Bestand Möglichkeiten des Wiederaufbaus ausgelotet und umgesetzt werden.

S Leonard Steidle
ist Architekt und Mitarbeiter bei steidle architekten in München. Von 2008 bis 2016 studierte er Architektur an der Universität der Künste Berlin, der Kunstuniversität Linz und der Oslo School of Architecture. Nach dem Studium arbeitete er zunächst freischaffend als Architekt, von 2018 bis 2020 war er Mitarbeiter bei Kim Nalleweg Architekten in Berlin. Er ist Mitbegründer des Projektraums Salon am Moritzplatz und Mitinitiator zahlreicher Konzerte, Ausstellung und Diskussionen mit dem Thema Stadtgeschichte und lokaler Stadtentwicklung. Noch mehr als die Lebensmodelle der Zukunft, interessieren ihn deren Übersetzung in dauerhafte und aneignungsfähige Strukturen, Materialien und Räume für die Stadt

T

T Helen Turner
ist Kuratorin und gemeinsam mit Pablo Wendel bildet sie das künstlerische Leitungs-Duo des E-Werks Luckenwalde. Sie absolvierte ihren Master in Psychosocial studies an der Birkbeck University in London unter Slavoj Žižek und ihren Bachelor in bildender Kunst an dem Chelsea College of Art in London. Turner war Kuratorin der Cass Sculpture Foundation in England und gründete die kuratorische Plattform AGENCY AGENCY. Zudem war sie tätig für Artangel und Kinman Ltd.

T Ferhat Türkoğlu
ist als Wissenschaftlicher Mitarbeiter mit dem Schwerpunkt Landschaftsarchitektur an der Professur für Siedlungsgestaltung und ländliche Bauwerke der Universität Rostock aktiv. Von 2013 bis 2019 studierte er im Bachelor sowie im Master Landschaftsarchitektur an der Hochschule Weihenstephan-Triesdorf und verfasste beide seiner Abschlussarbeiten im Ausland – 2016 in China und 2019 in Portugal. Nach seinem Hochschulabschluss 2019 war er als Landschaftsarchitekt in einem Planungsbüro auf der ostafrikanischen Insel Mauritius tätig. Seit 2021 forscht er für seine Promotion an dem Thema «Transforming multifunctional but endangered landscapes by using multivariable & nature-based indicators to determine apt spatial development attributes» (Arbeitstitel) mit einem Fokus auf «Spatial Development & Evaluation of former quilted/deserted landscapes».

W

W Pablo Wendel
ist bildender Künstler und bildet gemeinsam mit Helen Turner das Leitungs-Duo des E-Werks Luckenwalde. Er studierte an der Akademie der Bildenden Künste Stuttgart Freie Kunst im Schwerpunkt Performance und führte das Studium mit einem Master am Royal College of Art in London fort. Wendels Arbeiten wurden international ausgestellt, wie etwa im ICA, London, im KunstMuseum, Stuttgart und Rockbund Art Museum. Seit mehr als 10 Jahren forscht er in seiner künstlerischen Praxis zu Elektrizität. 2019 reaktivierte er das ehemalige E-Werk in einem partizipativen Prozess zu einem Kunststrom produzierenden Gesamtkunstwerk.

Z

Z Vedrana Žalac
studierte Landschaftsarchitektur an der Universität in Zagreb. Es folgte ein internationales Nachdiplomstudium in Landschaftsarchitektur an Hochschulen in Deutschland und in der Schweiz. In ihrer Masterarbeit beschäftigte sie sich mit prozesshafter Entwurfsmethodik öffentlicher Räume im urbanen Kontext. Von 2009 bis 2019 arbeitete sie bei Fontana Landschaftsarchitektur, wo sie an zahlreichen Wettbewerben, Studien und Projekten mitgewirkt hat. Sie ist Mitbegründerin und Vorstandsmitglied der Wohngenossenschaft Zimmerfrei in Basel. Von 2013 bis 2017 arbeitete sie an dem Projekt «StadtErle» mit, vor allem in der Organisation des kollektiven Planungsprozesses und der Kommunikation. Seit Sommer 2019 ist sie bei Denkstatt sàrl in der Projekt- und Prozessentwicklung tätig. Seit September 2021 ist sie Mitglied der Natur- und Landschaftsschutzkommission im Kanton Basel-Stadt.

Z Lisa Marie Zander
hat Architektur und Experimentelles Design in Hamburg studiert. In ihren Arbeiten beschäftigt sie sich mit der Demokratisierung von Planungsprozessen und einer kritischen Aneignung von Raum. Die Konstruktion von Situationen rückt dabei das Alltägliche und den Gebrauch des Städtischen in den Vordergrund und bildet die Grundlage ihrer gestalterischen Praxis. Bereits zu Beginn ihres Architekturstudiums 2015 gründete sie gemeinsam mit anderen Künstlern und Architekten die PlanBude. 2019 gründete sie mit Freunden ihr eigenes Studio «Projektbüro», wo sie aktuell u. a. ein Werkhaus in Saalfeld im Rahmen der IBA Thüringen entwirft, oder an dem Gestaltungsleitfaden für das sog. Dragonerareal arbeitet. Neben ihrer kontinuierlichen Lehrtätigkeit an der HCU Hamburg beschäftigt sie sich theoretisch mit einer

Teilnehmende

Danksagung: Der besondere Dank der Wüstenrot Stiftung gilt den Teilnehmenden sowie allen weiteren Mitwirkenden:

Lukas Betzler & Simon Bork & Armin Roth (panorama – studio für visuelle kommunikation, Stuttgart), Lilli Thalgott & Christoph Rohrscheidt (Filmmaker/Kamera, Hamburg), Stefan Maria Rother (Photographie, Berlin), Tino Krenz & Team (Landgasthaus, Holbeck)

Sie alle haben durch ihr Engagement und ihre Begeisterung zum Gelingen beigetragen. Herzlichen Dank!

Wir danken den nachfolgenden Generationen
für das Weiterdenken, Hinterfragen und Umsetzen
unserer Erkenntnisse...

Link zum Projektvideo

«Der Campus Zukunft Wohnen» wurde von Lilli Thalgott und Christoph Rohrscheid vor Ort filmisch begleitet. Die einzelnen Video-Clips können durch scannen der QR-Codes im Buch aufgerufen werden oder unter folgendem link:
https://wuestenrot-stiftung.de/campus-zukunft-wohnen/

Impressum

Campus Zukunft Wohnen
Ein operatives Projekt der Wüstenrot Stiftung
6. bis 15. August 2021
im E-Werk in Luckenwalde

Herausgeberin
Wüstenrot Stiftung
Hohenzollernstraße 45, 71630 Ludwigsburg
www.wuestenrot-stiftung.de

ISBN
978-3-96075-023-9

Projekleitung
Dr. René Hartmann, Wüstenrot Stiftung

Redaktion
Dr. René Hartmann, Wüstenrot Stiftung
Verena Schmidt & Marius Gantert,
Teleinternetcafe Architektur und Urbanismus

Lektorat
Torsten Leder

Gestaltung
panorama
studio für visuelle kommunikation, Stuttgart

Druck
Offizin Scheufele,
Druck und Medien GmbH + Co.KG
Tränkestrasse 17, 70597 Stuttgart

© 2022 Wüstenrot Stiftung

Alle Rechte vorbehalten. All Rights Reserved.

Für den Inhalt und die Richtigkeit der gemachten Angaben in den abgedruckten Referaten, Thesen und Ergebnissen des Workshops sind allein die Autor*innen verantwortlich. Alle Abbildungen erscheinen mit der freundlichen Genehmigung der Rechteinhaber*innen. Wo diese nicht ermittelt werden konnten, werden berechtigte Ansprüche im Rahmen des Üblichen abgegolten. Bilder/Grafiken ohne Angaben zu Rechteinhaber*innen stammen von den jeweiligen Autor*innen

Bildnachweis

S. 8–13
René Hartmann

S. 17
David Weigend

S. 19–20
Julia Kemkemer; Alexander Kullack & Johanna Mekus

S. 21–22
StudioVlayStreeruwitz

S. 24
Teleinternetcafe und Treibhaus

S. 25
Teleinternetcafe und bogevischs buero

S. 28–36
Stefan Maria Rother; René Hartmann; Torsten Leder

S. 40–45
Torsten Leder; Laurenz Blaser; Anna Holzinger; Johannes Pointl

S. 46–53
Torsten Leder; Hütten und Paläste Architekten

S. 54–59
Stefan Maria Rother; Torsten Leder; Laurenz Blaser; Gruppe Polytopie & Assemblage

S. 61–68
Stefan Maria Rother; Torsten Leder; Laurenz Blaser; Anna Holzinger

S. 72–85
Stefan Maria Rother; Torsten Leder; Nanni Abraham; Gruppe Polytopie & Assemblage

S. 86–97
Stefan Maria Rother; Aron Bohmann; Jan Dubský; Julia Felker; Marius Gantert; Gruppe Wir gegen den Markt

S. 98–113
Stefan Maria Rother; Laurenz Blaser; Marius Gantert; Anna Holzinger; Gruppe Der Zaun im Kopf

S. 114–124
Stefan Maria Rother; Torsten Leder; Marius Gantert; Johannes Pointl; Gruppe Tischgesellschaft

S. 126–135
Stefan Maria Rother; Torsten Leder; Laurenz Blaser; Anna Holzinger

S. 141–150
Stefan Maria Rother; René Hartmann

S. 150
Susanne Dürr

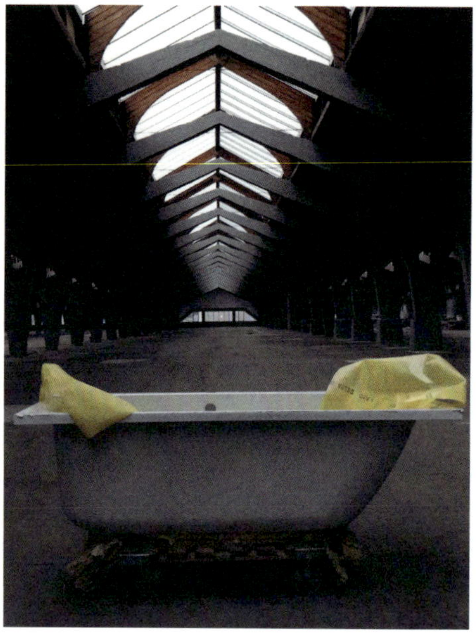